T0090543

الامام ابو حامد الغزالي

(مربيا)

1

الامام ابو حامد الغزالي

(مربيا)

تأليف

مفيدة محمد ابراهيم

الطبعة الأولى

2010 - 2011م

المملكة الأردنية الهاشمية رقم الإيداع لدى دائرة المكتبة الوطنية (6/2207 / /2010)

261.92

إبراهيم، مفيدة محمد

الإمام أبو حامد الغزالي مربيا/ مفيدة محمد إبراهيم.-عمان: دار مجدلاوي للنشر والتوزيع، 2010

(   ) ص.

ر.أ: (6/2207 / /2010)

الواصفات:/ الفقهاء المسلمون // الإسلام /

* أعدت دائرة المكتبة الوطنية بيانات الفهرسة والتصنيف الأولية

* يتحمل المؤلف كامل المسؤولية القانونية عن محتوى مصنفه ولا يعبّر هذا المصنف عن رأي دائرة المكتبة الوطنية أو أي جهة حكومية أخرى.

ISBN 978 - 9957- 02 - 409 - 3 (ردمك)

دار مجدلاوي للنشر والتوزيع

تليفاكس : ٥٣٤٩٤٩٧ - ٥٣٤٩٤٩٩

ص . ب ١٧٥٨ الرمز ١١٩٤١

عمان - الأردن

Dar Majdalawi Pub.& Dis.

Telefax: 5349497 - 5349499

P.O.Box: 1758 Code 11941

Amman- Jordan

www.majdalawibooks.com

E-mail: customer@majdalawibooks.com

الاهداء

الى روح والديَ

(رَبِّ ارْحَمْهُمَا كَمَا رَبَّيَانِي صَغِيرًا) الإسراء: ٢٤

(رَبَّنَا اغْفِرْ لِي وَلِوَالِدَيَّ وَلِلْمُؤْمِنِينَ يَوْمَ يَقُومُ الْحِسَابُ)

إبراهيم: ٤١

الفهرس

المقدمة

من يقرأ بعض من مصنفات ابو حامد الغزالي وعن العصر الذي عاش فيه لا يسعه الا ان يقول: ما اشبه اليوم بالبارحة! ويعجب من اوجه الشبه بين ما ساد عصره من خلافات سياسية ودينية اضعفت الامة وفرقت شملها وافسدت اخلاق الناس فانحرفوا، كما قال الغزالي: عن العقيدة الصحيحة واتبعوا ما تهوى انفسهم من:

(حب الجاه والمال والدنيا والرياسة والشهرة وطول التسويف والشح والهوى والعجب وفحش اغذيتهم من المطعم والمشرب والملبس وفساد دنياهم وغلبة الشهوات النفسية على قلوبهم، وترك مجاهدة النفس واهمالها ترتع في شهواتها ورعونتها والتزين للناس والتلبس بالاوصاف المذمومة..."مثل" الغل والحقد والحسد والجهل والحمق والرياء والنفاق... والكسل والبلادة والغفلة وغير ذلك مما يبعد عن الله تعالى)[1]

.

هذا غير ما كان يتهددها من غزو اجنبي مختلف الاشكال، مستغلا ضعفها وانحرافها عن الصراط المستقيم. مما جعل الغزالي يبذل جهده لحصر هذه الخلافات من خلال دعوته للتمسك بالقرآن والسنة بعيدا عن الافكار التي تفرق ولا تجمع، ودعوته لان يكون الشرع الاسلامي هو الذي يحكم سلوك الانسان المسلم في كل ما تتطلبه الحياة من الاعمال الدينية والدنيوية، وبذلك، كما يرى، يتقارب الناس وتصفو نفوسهم وتحسن اخلاقهم وتقل اختلافاتهم ومنازعاتهم مما يعيد الالفة والمحبة بين الناس ليتمكنوا من اداء دورهم في اعمار الارض، والدفاع عن دينهم واوطانهم، وقال موضحا هذا الامر: ان كل (.. انسان يظن ان عقله اصح العقول، ويحاول ان ينفذ ما يشير به عليه، ومن هنا ينشأ النزاع بين الافراد بعضهم مع بعض، وبين الامم بعضهم مع بعض...) مما يجعل من الضروري (وجود قانون الهي يخضع له

([1]) الغزالي: روضة الطالبين وعمدة السالكين ص 7.

الناس عن رضى وتسليم.)[1] فتقل الخلافات والمنازعات مما يجعل حياة الانسان، فردا او جماعة، اكثر نبلا واكثر استقرارا واوثق اتصالا بروح الاسلام الذي يدين به معظم ابناء المجتمع، رغم تفاوتهم في فهمه وتطبيقه على حياتهم في جميع مجالاتها. ومصنفات حجة الاسلام ابو حامد الغزالي مهمة وذات فائدة كبيرة ولكنها كثيرة وشاملة لكثير من مناحي الحياة، والناس اليوم وقتهم ضيق ومشاغلهم كثيرة، وصبرهم على القراءة، بشكل خاص، قليل، بل واقل من القليل، فرأيت ان اقدم ملخصا لمجال واحد من المجالات التي تناولتها مصنفاته الكثيرة، وهو مجال التربية، لعلنا نطلع على بعض من تراثنا الفكري، وبخاصة وان البعض اهملوا التراث لاعتقادهم ان ليس فيما تركه لنا الاوائل من تراث ما يمكن الاستفادة منه، وان كل ما كان يشغل الاوائل هو احكام العبادات من صوم وصلاة وحج وزكاة، ولم يهتموا بحياة الانسان الاجتماعية، السياسية والاقتصادية والتربوية. ولذلك حاولت ان يكون تدخلي محدودا، لا يتعدى جمع المادة ووضعها في النسق الذي يؤدي الى وضوح فكره التربوي. وهذا ما جعلني اسهب في عرض اراء الغزالي واقواله كما هي وكما جاءت في كتبه، حتى لا يعتقد القارئ اني فسرت الامور باكثر مما تحتمل. وقد حاولت الاختصار قدر الامكان وذلك لانصراف الناس عن القراءة التي اصبحت في نظر البعض وسيلة عقيمة في زمن التقنيات الحديثة! وارجو ان اكون قد وفقت بذلك. وان يجد القاريء بعض الفائدة من قراءته لهذا العمل. واعتذر ان كنت قد اخطأت او قصرت في توضيح المفاهيم، واقول لمن يجد في عملي خطأ او عيبا ما قاله ابو حامد الغزالي في كتابه معارج القدس في مدارج معرفة النفس صفحة 183:

وان تجد عيبا فسد الخللا   جل من لا عيب فيه وعلا

ملاحظة: ومن الجدير بالذكر هنا، انني لم اتطرق بالتفصيل الى المراحل الفكرية المختلفة التي مر بها الغزالي، والتي كثيرا ما جلبت له المدح والقدح وجعلت

---

[1] الغزالي: فيصل التفرقة...ص 135-136.

البعض يركز في اعمال الغزالي على ما قد يعتبره تناقضات وتحولات فكرية تضعف مصداقية هـذه الاعمال مهملا الايجابيات الكثيرة فيها، بينما لا يرى البعض الآخر في هذه الاعمال الا كل ما هو ايجابي يستحق المدح والثناء، بل والتعظيم. فهذا ليس من اهداف هذا العمل.

الفصل الاول

1- النشأة والسيرة

ولد زين الدين محمد بن محمد الغزالي الطوسي والمعروف باسم ابو حامد الغزالي في طبران من مدن طوس من خراسان عام 450 هجرية (1059م) وتوفي في طوس عام 505 هجرية (1111م). وقد لقب بالغزالي كما يرى البعض نسبة الى احدى قرى طوس تدعى غزالة بينما يرى البعض الاخر ان لقب الغزالي جاء نسبة الى صناعة الغزل فالغزالي مثل(العطاري والخبازي بلغة اهل خراسان)[1] اذ كان والده يغزل الصوف ويبيعه في حانوته فلما احتضر اوصى به وباخيه احمد الى صديق له لرعايتهما وتعليمهما فعلمهما الخط وادبهما، ولما نفذ ما ترك لهما والدهما استمر الغزالي في طلب العلم فقرأ طرفا من الفقه في طوس على احمد بن محمد ابو حامد الرَاذكاني ثم درس على امام الحرمين عبد الملك بن عبد بن يوسف الجويني[2] ولما مات الجويني توجه الغزالي الى بغداد قاصدا الوزير نظام الملك، وزير السلطان ملكشاه السلجوقي، الذي كان مجلسه مجمع اهل العلم وملاذهم، فناظر الائمة والعلماء في مجلس نظام الملك فاعجب به الوزير وعهد اليه التدريس في المدرسة النظامية في بغداد سنة 484 هجرية.

ورغم ما لاقى من شهرة وجاه وتكريم الا انه زهد من كل ذلك بعد اربع سنوات فقط وبدأ كما يذكر في كتابه المنقذ من الضلال يتعب صحيا وبخاصة بعد ان فتك الباطنية بنظام الملك مما ترك في نفسه حزنا عميقا على الوزير فترك عمله في النظامية عام 488 واستناب اخاه احمد في التدريس بالمدرسة النظامية وسلك طريق الزهد[3] بعد ان تعرف على الصوفية فاتبع مذهبهم، (وغلا في طريقة التصوف،

([1]) الغزالي: الرسالة اللدنية ص9-10.

([2]) الغزالي: كتاب مقامات العلماء بين يدي الخلفاء والامراء ص 10-11.

([3]) بن العماد: شذرات الذهب ص12 وعمر فروخ: تاريخ الفكر العربي ص4.

وتجرد لنصرة مذهبهم، وصار داعية في ذلك)[1]. وخرج من بغداد قاصدا الحج وذهب الى دمشق التي دخلها عام489، قضى فيها عدة ايام ذهب بعدها الى بيت المقدس وجاور به مدة ثم عاد الى دمشق واعتكف في الجامع الاموي والتف حوله طلبة العلم هناك، ويقال انه مكث في دمشق (عشر سنين... وصنف فيها كتبا..منها كتاب الاحياء) وهو كما يرى ابن كثير (كتاب عجيب ,يشتمل على علوم كثيرة من الشرعيات، وممزوج باشياء لطيفة من التصوف واعمال القلب)[2] هذا بالاضافة (لكتاب الاربعين وكتاب القسطاس وكتاب محك النظر؛ وراض نفسه وجاهدها، وطرد شيطان الرعونة، ولبس زي الاتقياء)[3] ثم ترك دمشق وذهب الى مصر ومنها الى الاسكندرية حيث اقام مدة من الزمن. ويذكر ابن خلكان في وفيات الاعيان انه كان يريد ركوب البحر من الاسكندرية الى بلاد المغرب للالتقاء بالامير يوسف بن تاشفين صاحب مراكش انذاك ولكن قبل ان يذهب جاءه نعي بن تاشفين فترك الفكرة وعاد الى بغداد وعقد بها مجلس وعض وحدث بكتاب الاحياء، وينقل الجوزي عن احد الفقهاء انه قال: (دخل ابو حامد بغداد فقومنا ملبوسه ومركوبه خمسمائة دينار، فلما تزهد وسافر وعاد الى بغداد، فقومنا ملبوسه خمسة عشر قيراطا)[4]. ولكن لم يرق له الحال في بغداد فعاد الى وطنه، خراسان، حيث انشغل باعمال الخير وتصنيف الكتب[5].

(بدأ الغزالي التأليف في فروع الفقه واصوله وفي مسائل الخلاف والجدل منذ صباه.. واستمر الى آخر سنة من حياته)[6]. وكان الغزالي كما يذكر كتاب سيرته

---

[1] الذهبي: سيرة اعلام النبلاء ص 327.
[2] بن العماد : ذات المصدر.
[3] الذهبي: سيرة اعلام النبلاء ص324.
[4] ابن الجوزي: المنتظم في تاريخ الامم ج10 ص24 .
[5] ابن خلكان: وفاة الاعيان ج4 ص 217.
[6] عمر فروخ: تاريخ الفكر العربي ص486.

شديد الذكاء ,شديد النظر، عجيب الفطرة، قوي الحافظة، بعيد الغور غواصا في المعاني، صنف ما يصل الى نحوخمسمائة مصنف و(كان التقوى دأبه وديدنه) فهو كما يراه كثير من علماء زمانه (بحر مغدق، ومحجة الدين وامام الفقهاء على الاطلاق وامام ائمة الدين، لم ترى العيون مثله، لسانا، وبيانا، وخاطرا، وذكاء وطبعا...)[1]. وقد لقب بحجة الاسلام، وعن هذا اللقب تساءل الدكتور عبد المجيد دياب، محقق كتاب الغزالي الادب في الدين، فقال: اننا لو اردنا ان نشير اليه -الغزالي- بلقب فماذا نحن قائلون؟ انسميه صوفيا؟ ام فيلسوفا؟ ام فقيها؟ ام متكلما؟ ان اية تسمية من هذه التسميات اذا اطلقت عليه فانها تنقصه بعض حقه ولا تنصفه لانه كان كل هؤلاء ولذلك فأن حجة الاسلام هو افضل ما لقب به الغزالي)[2]. فهو كان يبحث عن الحقيقة اينما كانت مما جعله يطرق كل ابواب المعرفة (فلم يدع بابا يظن انه يوصله الى معرفة الحقيقة الا طرقه...) فحتى العلوم التي لم يكن له باع فيها كالرياضيات والطبيعيات لم يهملها بالكلية (فقد اخذ منها واقر بصحة براهينها). ورغم عدم اعجابه بالمنطق والفلسفة الخالصة الا انه تعلمهما حتى صار (علما من اعلامهما. غير انه استخدم المنطق لنصرة الدين وحمل على الفلسفة) لانها تضل العامة من الناس كما تضل المغرورين بالنتف التي تعلموها من الفلسفة اليونانية. ولذلك يراه البعض بانه (حكيم ديني، وفيلسوف واقعي، ومفكر وضعي، ومصلح اجتماعي ومهذب صوفي). بل ان البعض يراه بالاضافة لكل ذلك عالما نفسانيا (بل هو مؤسس لعلم النفس الاسلامي،الذي وضع له منهجا (مخالفا فيه منهج فلاسفة اليونان)[3]. وكونه مصلحا اجتماعيا هو من الامور التي يتفق عليها كثير من كتاب سيرته وممن تعامل مع مؤلفاته، اذ انه عندما بدأ بحثه في اسباب فساد الناس زمانه

---

[1] الغزالي: مقامات العلماء... ص17-19.
[2] الغزالي: كتاب الادب في الدين ص9-10.
[3] الغزالي: جواهر القرآن ودرره ص 30.

وفساد المجتمع وتفرقه وما يسوده من خلافات واختلافات ادت الى ضعفه وطمع الاغراب فيه، توجه الى النفس الانسانية وقام بتحليلها ومعرفة غرائزها وشهواتها وحدد حاجاتها ودوافعها، ثم حاول العمل ولو بالكلمة الطيبة التي هو قادر عليها، على اصلاح الحال. ورغم الاحباط الذي ساوره لفترة من الزمن ادت به الي التصوف والاعتزال الا انه استمر من خلال مؤلفاته في العمل لاصلاح حال الناس وبالتالي المجتمع مما يسوده من سلبيات. وان كان لم يحقق الكثير في تغيير الوسط الاجتماعي الذي كان يعيش فيه فما ذلك، كما يرى البعض، الا لان الناس انشغلوا بمصالحهم وتعصبهم والانتصار الى ما الفوه من معتقدات وما استجد عليهم من افكار فلسفيةغريبة عنهم. الا ان تراثه من بعده كانت له سلطة، كما يرى البعض لا (تعدلها سلطة في تراثنا الاسلامي كله، واجمع دارسوا فكر الغزالي، مؤيدين ومعارضين، على هذه المسألة نظرا لذلك التأثير الواسع الذي تركه هذا الخطاب في حياة الشعوب الاسلامية منذ انتشاره وحتى وقت قريب...)[1] ومصدر هذه السلطة كما يرى كثير من كتاب سيرته، هو تمسكه بشرع الله تعالى ودفاعه عن الاسلام وحماية العامة من اخطار الفلسفة والحركات الدينية والسياسية التي منها ما يهدم الدين ومنها ما يفرق شمل الامة. ولكن حرصه على حماية الدين وخوفه على الامة من التشرذم لم يجعله في ردوده على خصومه مجانبا للحق الذي يحرص عليه فنجد (ان عداءه للفلسفة والفلاسفة لم يمنعه من ان يقر لهم بوثاقة البرهان وصحة الاراء في فنون العلم والفلسفة..) ولكن ليس في الالهيات.

ورغم كل ما صنف الغزالي من(الكتب الحسان في الاصول والفروع التي انفرد بحسن وضعها وترتيبها وتحقيق الكلام فيها)[2]. حتى تفوق على استاذه الجويني. الا ان مؤلفاته لم تسلم (على اهميتها في التفكير الاسلامي من النقد والتجريح. وقد نال

([1]) انور الزعبي: مسألة المعرفة ومنهج البحث عند الغزالي ص16.

([2]) ابن الجوزي: المنتظم في تاريخ الامم ج10 ص 22.

كتاب احياء علوم الدين حصة الاسد من النقد حيث واجه انتقادا كثيرا، واختلفت اراء الناس فيه فطائفة انتصرت له وتعصبت لاشهاره وطائفة حذرت منه ودعت لحرقه كما حدث في بلاد المغرب اذ امر امير المؤمنين علي بن يوسف بن تاشفين باحراق كتب الغزالي وبخاصة كتاب احياء علوم الدين، بل طلب (ان يحلف الناس بالايمان المغلظة ان "الاحياء" ليس عندهم)[1]. ويصف المؤرخون طريقة احراق نسخ الاحياء في الاندلس خلال دولة المرابطين حيث وضعت بصحن جامع قرطبة وصُب عليها الزيت، ثم اوقد عليها النار، وكذلك حدث في مراكش وسائر بلاد المغرب[2].

وقد انصب الانتقاد على امرين هما:

1 – احتواءه على الاحاديث النبوية الضعيفة وغير المسندة جيدا.

2- احتواءه على ادآب الصوفية ومفاهيمهم التي كانت مرفوضة من بعض المسلمين.

فرغم ان الامام ابي الفرج ابن الجوزي انصف الغزالي وامتدح مؤلفاته، كما جاء اعلاه الا انه قال ان الغزالي قد وقع في اخطاء كثيرة في الاحياء وقال: (وقد جمعت اغلاط الكتاب وسميته "اعلام الاحياء باغلاط الاحياء" واشرت الى بعض ذلك في كتابي المسمى "بتلبيس إبليس")[3]. وقد جمع السبكي في طبقاته الاحاديث الموجودة في كتاب احياء علوم الدين والتي لم يجد لها اسنادا وكان عددها 943 حديثا تقريبا، اذ هو يرى ان الغزالي كثيرا ما كان (يستشهد في معظم كتاب الاحياء باحاديث ضعيفة، بل احيانا باحاديث لا اصل لها، ثم يبني على ذلك اراء وربما احكاما)[4]. وذكر ابن كثير ان كتاب احياء علوم الدين (هو كتاب عجيب، يشتمل

([1]) الغزالي: كتاب الادب في الدين ص 22 وانظر مختصر احياء علوم الدين ص23.

([2]) ذات المصدر.

([3]) ابن الجوزي: المنتظم في تاريخ الامم ج 10 ص 23.

([4]) انظر التفكر في خلق الله ص 18.

على علوم كثيرة من الشرعيات، وممزوج باشياء لطيفة من التصوف واعمال القلب، ولكن فيه احاديث كثيرة غرائب ومنكرات وموضوعات)[1] ولكن ورغم ذلك فان لا احد يمكنه ان ينكر ان الغزالي كان عالما كبيرا وفقيها مرموقا (برع في الفقه في مدة قريبة، ومهر في الكلام والجدل، حتى صار عين المناظرين، واعاد للطلبة وشرع في التصنيف)[2]. فصنف الكتب الكثيرة القيمة. وقد قال الذهبي، منصفا الغزالي ,ومدافعا عنه: ان العلماء ما زالوا (يختلفون، ويتكلم العالم في العالم باجتهاده، وكل منهم معذور مأجور، ومن عاند وخرق الاجماع، فهو مأزور، والى الله ترجع الامور) وقال: ايضا ان (الغزالي إمام كبير، وما من شرط العالم انه لا يخطيء) ثم ان هناك مما ينقل عنه قد لا يكون صحيحا وقد يكون موضوعا عنه ويذكر الذهبي مثالا على ذلك كتاب (المضنون به على غير اهله انه موضوع على الغزالي)[3].

وحتى اليوم هناك بعض القراء من يخلط، مثلا، بين تهافت الفلاسفة للامام ابو حامد الغزالي وكتاب اخر لعلاء الدين الطوسي يحمل ذات الاسم رغم ان ابو حامد عاش في القرن الخامس وعلاء الدين الطوسي عاش في القرن التاسع للهجرة (817-887) وهو الذي كان قد قربه السلطان محمد الفاتح، فاتح القسطنطينة، وطلب منه ومن عالم آخر اسمه الخواجة زادة (ان يصنفا كتابا للمحاكمة بين الغزالي والحكماء.. اتم الطوسي كتابه.. وسماه "بالذخر" او"الذخيرة في المحاكمة بين الغزالي والفلاسفة")[4] ثم جاء في فهرس المخطوطات باسم تهافت الفلاسفة، وهو ذاته الذي اسماه مؤلفه "الذخيرة". وهو ينطلق من مفاهيم الغزالي وانتقاداته للفلاسفة ذاتها.

([1]) ابن كثير: البداية والنهاية ص174.

(6) الذهبي: سيرة اعلام النبلاء ص322-23 .

([3]) الذهبي: سيرة اعلام النبلاء ص 322-323.

([4]) علاء الدين الطوسي: تهافت الفلاسفة ص 11013 حققه الدكتور رضا سعادة.

ونقد بعض كتبه وبخاصة كتاب احياء علوم الدين لم يمنع الكثيرين من الاعتراف بكونه امام فاضل قليل هم امثاله في علومه وفضائله، وهو بشر وغير معصوم عن الخطأ فكل (انسان يؤخذ منه ويرد عليه الا المصطفى المختار" صلى اللـه عليه وسلم ")[1]. وكونه قد استخدم احاديث غير مسندة اسنادا محكما، وان كان مرفوضا رفضا تاما، إلا انه لا يقلل من قيمة الكتاب كاداة تعليم وارشاد للمسلمين ووضعهم على الصراط المستقيم الذي امر اللـه سبحانه وتعالى به، وبخاصة اذا اخذنا بنظر الاعتبار انه كان يعمل كل ما في وسعه من اجل تصحيح الاوضاع البائسة السائدة انذاك. ولذلك نجد ان كتاب الاحياء ذاته، لا يزال يعتبر من قبل البعض (من اجل كتب الاسلام في معرفة الحلال والحرام...) ويكفيه (فضلا وسمو منزلة ان تكون درر فوائده) لا تحصى (وان يظفر طلاب العلم وعشاق الفضيلة بما لا يظفرون به من كتاب غيره)[2]. ويرى عمر فروخ ان كتب الغزالي، وبخاصة كتاب احياء علوم الدين، نقلت من قبل اهل الغرب وان (قوانين الرهبنة المسيحية قد أخذت عن القواعد التي وضعها حجة الاسلام الغزالي للمريد المبتديء في سلوك التصوف.) وقد كان له تأثيرا كبيرا على الفكر في اوربا حتى قيل ان (اثر الغزالي الشخصي في العلم الالهي، في اوربا، اعظم من اثر القديس توما)[3].

اما حرق كتاب احياء علوم الدين في الاندلس وفي المغرب فالبعض يعزوه لاسباب سياسية والبعض الآخر يعزوه الى ان بعض علماء المغرب (لم يفهموه فحرقوه) الا انهم بعد ذلك، اقبلوا عليه ومدحوه بقصائد منها:

ابا حامد انت المخصص بالحـمد وانت الذي علمتنا سنن الرشد

وضعت لنا "الاحياء" يحي نفوسنا وينقذنا من ربقة المارد المردي

---

(1) الغزالي: اتحاف الاحياء بزبدة الاحياء ص 6.

(2) الغزالي: ذم البخل ص 16-17.

(3) عمر فروخ: عبقرية العرب ص 128-144.

وحرق كتبه في الاندلس لا تدينه او تقلل من قيمة اعماله وبخاصة اذا اخذنا بنظر الاعتبار انهم حرقوا كتب ابن رشد بعد ذلك وبذات الطريقة.

وقد اكد كثيرون على ان الاحياء (من الكتب التي ينبغي للمسلمين الاعتناء بها، واشاعتها، ليهتدي بها كثير من الخلق... لو لم يكن للناس في الكتب التي صنفها الفقهاء... بين النقل والنظر والفكر والاثر غيره لكفى...)[1]. كما اكدوا على ان الغزالي استطاع من خلال مؤلفاته القيمة، (ان يكون في طليعة علماء الفكر الاسلامي بوجه خاص وعلماء الفكر الانساني بوجه عام، فقد اثرى المكتبة العربية الاسلامية بشتى الوان العلم والمعرفة)، مما جعله (يمثل دائرة معارف عصره، حيث تعددت فيه جوانب النبوغ والعطاء و فاستحق بذلك ان يلقب "بحجة الاسلام")[2].

وتعدد ابواب المعرفة التي طرقها وترك بصماته المميزة فيها جعل الشيخ محمد مصطفى المراغي (شيخ الازهر السابق المتوفي عام 1945) يقول:

"اذا ذكرت اسماء العلماء، اتجه التفكير الى ما امتاز به العالم من العلم وشعب المعرفة... فإذا ذكر ابن سينا (مثلا) خطر بالبال انه فيلسوف عظيم من فلاسفة الاسلام، واذا ذكر مسلم او البخاري، خطر بالبال اقدارهم في حفظ الحديث والصدق والامانة... اما اذا ذكر الغزالي... فقد تشعبت النواحي، ولم يخطر بالبال انه رجل واحد، بل خطر بالبال رجال متعددون، لكل واحد منهم قدرته وخطره، فيخطر بالبال، الغزالي الاصولي الحاذق الماهر، والغزالي الفقيه الحر، والغزالي المتكلم امام السنة... والغزالي الفيلسوف... والغزالي المربي والغزالي الصوفي الـزاهد...[3]"

[1] الغزالي: فيصل التفرقة ص 48-49 .
[2] محمد خليل محسن الديسي: التربية الاجتماعية في فكر الامام الغزالي ص361.
[3] محمد مصطفى المراغي: نظرية المعرفة عند ابو حامد الغزالي عن الانترنت -veecos.net.

عاش الغزالي في فترة صعبة كثرت فيها المشكلات السياسية والخلافات المذهبية والبدع والدعوات الباطنية المختلفة مما كان يهدد وحدة الامة الاسلامية وسلامة دينها، مما جعله يبذل جهده لحصر الخلافات والتشتت ودعوة (المسلم الى التمسك بالقرآن والسنة بعيدا عن التأويلات والفلسفات التي تفرق ولا تجمع)[1]. وقد ساد الساحة الفكرية في زمانه اتجاهيين متطرفين، وكل منهما يحوي تحت مظلته اتجاهات وانقسامات فرعية لا حصر لها، احدهما يرفض الفلسفة بالكلية (وينكر على الفلاسفة جميع علومهم حتى ما كان منها بديهي الصحة جلي البرهان، والآخر يقبل كل ما يسمعه عنهم بمجرد التقليد وحسن الظن لا غير...) من دون البحث واستقصاء الحقائق واكتشاف الحق والباطل فيما يُعرض عليه ويتعرض له من افكار وتحليلات. اما الغزالي فقد تعرف على الاتجاهيين وتعرف على معظم التيارات السائدة في زمانه ولكنه اتخذ موقفا وسطا بينها واعتبر كلا الاتجاهيين على خطأ لان الاسلام الذي اكد على العلم والمعرفة لا يمكن ان يُدعم بانكار العلوم التي كانوا يسمونها انذاك العلوم الحكمية كالرياضيات والطبيعيات، وذلك لانه كما يرى البعض (ليس في الشرائع تعرض لهذه العلوم ولا في هذه العلوم تعرض للامور الدينية)[2]. ورغم محاولته لان يتخذ موقفا وسطا بين هذه التجاهات الا انه انتقد الاتجاه الذي بالغ في استخدام الفلسفة لتفسير الامور الدينية ورفض محاولة البعض مناقشة الشرائع الدينية بذات مناهج العلوم البرهانية كالرياضيات والطبيعيات واعتبر عملهم تقليدا مرفوضا فقال: (... اية رتبة في العلم اخس من رتبة من يظن ان الانتقال من تقليد الى تقليد جمال ولاتتطلع نفسه الى رتبة البحث والاستدلال...) فالبلاهة التي يصفون العامة

([1]) عبد القادر محمد: الفكر الاسلامي المعاصر ص267.

([2]) الغزالي: معيار العلم ص8.

بها (ادنى الى الخلاص من فطانة بتراء، والعمى اقرب الى السلامة من بصيرة حولاء..)[1].

وانتقد شباب زمانه وبخاصة هؤلاء الذين كانوا (يعتقدون في انفسهم التمييز عن الاتراب) ببعد النظر وبالذكاء حتى صاروا، كما يذكر في تبريره لكتابة تهافت الفلاسفة، يستهينون بامور الدين ويخالفون بعض الاوامر الشرعية ويرفضون اداء الفرائض والعبادات بحجة ان الفلاسفة العظام (كسقراط وبقراط وافلاطون وارسطوطاليس وامثالهم و.. طوائف من متبعيهم.. منكرون للشرائع والنحل، وجاحدون لتفاصيل الاديان والملل..)[2] ولا يقومون بهذه العبادات التي لا تليق بالخاصة، فقلدوا هؤلاء الفلاسفة وتجملوا باعتقاد الكفر.. وترفعوا عن مساعدة الجماهير واستنكفوا من القناعة باديان الاباء فرفضوا تقليد دينهم الحق وانتقلوا الى تقليد الباطل الذي هو في نظر الغزالي، فلسفة هؤلاء المذكورين اعلاه من فلاسفة اليونان.

اما العلماء الذين هم في نظر الغزالي ادلة الطريق وورثة الانبياء، فقد انشغلوا بالدنيا فصار بعضهم (يرى المعروف منكرا والمنكر معروفا.. ولقد خيلوا للخلق ان لاعلم الا فتوى حكومة.. اوجدل يتذرع به طالب المباهاة الى الغلبة والافحام، او سجع مزخرف يتوسل به الواعظ الى استدراج العوام..فاما علم طريق الآخرة وما درج عليه السلف الصالح مما سماه الله سبحانه في كتابه فقها وحكمة وعلما وضياء ونورا وهداية ورشدا، فقد اصبح من بين الخلق مطويا وصار نسيا منسيا)[3]. وهذا الحال هو ما جعله يقرر تحرير كتاب احياء علوم الدين الذي اثار جدلا كثيرا بين مادح وقادح كما مر ذكره.

([1]) الغزالي: ذات المصدر ص9.

([2]) الغزالي: تهافت الفلاسفة ص37-38.

([3]) زكي ميلاد: الفكر الاسلامي بين التأصيل والتجديد ص2.

وفي هذا الجو الذي كان يعيشه المجتمع والذي كان يهدد وحدته واستقراره بدأ الغزالي حملته ضد هذه المساوء وبطلب من الملك السلجوقي على عهد الخليفة العباسي المستظهر بالله، وذلك لان الباطنية ودولتهم الفاطمية في مصر كانت تهدد الخلافة العباسية وتثير لها المشكلات وتقوم بعمليات اغتيال وزرع الفوضى والقلق في بغداد مستخدمة التنظيمات الباطنية الاسماعيلية[1]. وقد اكد الغزالي هذا الامرعندما قال: انه كان متحيرا في تعيين العلم الذي يريد بحثه (حتى خرجت الاوامر الشريفة المقدسة النبوية المستظهرية بالاشارة الى الخادم في تصنيف كتاب الرد على الباطنية مشتمل على الكشف عن بدعهم وضلالاتهم.. واستدراجهم عوام الخلق وجهالهم)[2].

وبما ان كثيرمن هذه الحركات كانت تعتمد في دعوتها على الفلسفة ومفاهيمها وبما ان الغزالي كما هو معروف عنه كان (عالما وباحثا منصفا)، فلم يشأ ان يرد على هذه التيارات قبل ان يتعرف على الفلسفة التي تقوم عليها دعواهم، فقال: (ليس في الامكان ولا من الانصاف ان يرد الانسان على مذهب قبل عرضه وتوضيحه.) فعكف على دراسة الفلسفة حتى وقف، كما يذكر كُتاب سيرته، على (غورها وغائلها،وادرك من اسرارها ودخائلها ما لم يفطن له الفلاسفة انفسهم...) وللتعريف باراء الفلاسفة، الف كتاب مقاصد الفلاسفة الذي عرض فيه علوم الفلاسفة التي قسمها الى اربعة اقسام: الرياضيات، والمنطقيات، والطبيعيات، والالهيات، تمهيدا للرد على ارائهم في كتاب تهافت الفلاسفة[3].

فالغزالي كان يعتقد ان على الانسان لكي يتوقى الشر ان يعرف ما هو، ولذلك ولتبرير بحثه في موضوع التيارات المغالية في اعتماد الفلسفة قال:

---

(1) محمد عابد الجابري: ابن رشد، سيرة وفكر ص 136.

(2) الغزالي: فضائح الباطنية ص5.

(3) عمر فروخ: تاريخ الفكر العربي ص487 و معيار العلم ص17 ومقاصد الفلاسفة ص12.

عرفـت الشـ ر لكــن لتوقيه

ومن لا يعرف الشــ ر من الناس يقع فيه[1]

2- الغزالي والفلسفة

ان بعض الفلاسفة المسلمين انـذاك كالفـارابي وابـن سـينا وغـيرهما، تـأثروا بـالفكر الفلسـفي اليونـاني
وابتعدوا عن اصولهم وصاروا يتعاملون مع الالهيات من منطلقات عقلية بحتة، مـما ادى الى فوضى فكريـة
وسياسية فرقت الامة. فبعد ان قرأ الغزالي للفلاسفة توصل الى ان الوسائل البرهانية التي يعتمدها الفلاسفة
قد تساعدهم للوصول الى نتائج يقينية في مجال العلوم البحتة كالرياضيات والطبيعيات ولكن لا توصلهم
الى نتائج يقينية في المسائل الالهية، وادعائهم انهم بالعقل وحده يستطيعون ادراك حقائق الامور في جميع
المجالات حتى في الالهيات هو ادعاء باطل. وهكذا نرى ان الغزالي لم ينكر دور العقل والاحكـام العقليـة في
العلوم الرياضية والطبيعية ولكنه لم يعتمده وحده في المسائل الالهية بعيدا عن شرع رب العالمين.

وبما انهم (الفلاسفة) تطرفوا في خوضهم في العلوم النظريـة الفلسـفية بشـكل ابعـدهم عـن الـدين
وجعلهم خطرا على الاسلام وعلى العامة من المسلمين، فقد تطرف هـو الآخـر في حملتـه علـيهم. وهـو امـر
متوقع منه لانه كان يسعى الى دحض حججهم وهدمها من اجل بناء اكثر متانة وتماسكا وبخاصة وهو كان
منحازا الى العامة من الناس الذين يخشى علـيهم من اوهام الفلاسفة التي كانـت تهـدد معتقداتهم الدينيـة
وتفرق شمل مجتمعهم. وكانت حملته مبرمجة بدأت بكتاب مقاصد الفلاسفة، شرح فيه وسائلهم وطرائـق
تفكيرهم ثم انتقدهم انتقادا لاذعا في كتاب تهافت الفلاسفة ونصح القاريء ان يقرأ مقاصد الفلاسفة قبـل
ان يقرأ تهافت الفلاسفة ثم الحقهما بكتاب معيار العلم الـذي وضح فيه قواعد المنطق ووسائل البحـث
والتفكير. وقد ذكر الغزالي اسباب كتابة معيار العلم فقال: ان الباعث غرضان مهمان الاول (تفهـيم طرق
الفكر

---

[1] الغزالي: فضائح الباطنية ص 5.

والنظر...) والثاني هو (انكشاف المعاني والمصطلحات التي استخدمت في تهافت الفلاسفة)[1]. ولم يكتف بهذا وانما دعا كل المذاهب على ما بينها من اختلافات ان يبينوا تهافت هؤلاء الفلاسفة فقال: (فالنتظاهر عليهم، فعند الشدائد تذهب الاحقاد)[2].

كانت حملة الغزالي على الفلسفة حملة شعواء، كما يرى البعض، ولكنه لم يكن اول المنتقدين للفلاسفة ولا آخرهم، فقد سبقه كثير من المسلمين الا ان رد الغزالي عليهم (يمتاز عن كل ردود سابقيه بدقته ووضوحه وتماسك اجزائه، فهو لم يقنع كما قنع الكثيرون من قبله بالقدم في اقوال الفلاسفة دون نقد او تمحيص، بل تفرغ لدراسة الفلسفة.. وتمرس بطرقهم في الحجاج...) فجاء كتابه تهافت الفلاسفة (مصنفا فلسفيا اصيلا)[3]. ولذلك نجد ان البعض يرى ان رد ابن رشد على تهافت الفلاسفة في كتابه تهافت التهافت، جاء ضعيفا ومما اضعفه ان ابن رشد في تهافت التهافت سلم (للغزالي بجل اعتراضاته... وهذا التسليم يقتضي الاعتراف باستحالة التوفيق بين الدين والفلسفة، وهو ما يسعى الغزالي الى اثباته)[4]. ومما اضعف رد ابن رشد ايضا تلك الانتقادات القاسية التي وجهها للغزالي واتهامه بانه الف تهافت الفلاسفة مجاراة لاهل زمانه وممالاة للعامة ونعته لكتاب تهافت الفلاسفة بـ (كتاب التفاهة) واقترح تسميته بـ (كتاب التهافت بإطلاق)[5] من دون كلمة الفلاسفة او تسميته بكتاب (تهافت ابو حامد) وهذا مما لا يليق بعالم وبناقد وهو ان دل على شيء فانما يدل على ضعف حجة الناقد وعجزه.

فقد كان الغزالي دقيقا في نقده، وهذه الدقة في النقد لم تكن غريبة على ابو حامد الغزالي فهو قد نشأ مفكرا وناقدا وقد ذكر هذه الصفات عن نفسه عندما قال

([1]) الغزالي: معيار العلم ص 59-60.

([2]) الغزالي: تهافت الفلاسفة.

([3]) ماجد فخري: دراسات في الفكر العربي ص126.

([4]) ابو يعرب المرزوقي: تجليات الفلسفة العربية ص350.

([5]) ابن رشد: تهافت التهافت ص97 وص53.

في كتابه المنقذ من الضلال: (وقد كان التعطش الى درك حقائق الامور دأبي وديدني مـن اول امـري وريعـان عمري، غريزة وفطرة من اللـه وضعتا في جبلتي، لا باختياري وحيلتي)[1]. وروح البحث والتمحيص هـي التي جعلته يتجه الى تعلم الفلسفة قبل ا ن يدين الفلاسفة ويفند كثير من ارائهم الى درجة اعتبـار بعـض من هذه الاراء كفرا فقال:

(وانما مصدر كفرهم سماعهم اسامي هائلة كسقراط وبقراط وافلاطون وارسطوطاليس وامثالهم ... منكرون للشرائع والنحل، وجاحدون لتفاصيل الاديان والملل، ومعتقدون انها نواميس مؤلفة وحيل مزخرفة. فلما قرع ذلك سمعهم، ووافق ما حكي من عقائدهم طبعهم، تجملوا باعتقاد الكفر تحيزا الى غمار الفضلاء بزعمهم، وانخراطأ في سلكهم، وترفعا عن مساعدة الجماهير والدهماء واستنكافا من القناعة باديان الابـاء، ظنا بان اظهار التكايس في النزوع عن تقليد الحق بالشروع في تقليـد الباطـل جمـال، وغفلـة مـنهم عـن ان الانتقال الى تقليد عن تقليد الحق خرق وخبال. فاية رتبة في عالم.. اخس من رتبـة مـن يتجمـل بـترك الحـق المعتقد تقليدا، بالتسارع الى قبول الباطل تصديقا، دون ان يقبله خبرا وتحقيقا..)[2].

فهو لم يبحث في الفلسفة ويتعلمها ليتبنى مفاهيمها كما فعل بعض المفكرين المسلمين مثل ابن سينا والفارابي وابن رشد وغيرهم بل هو درسها ليبين تهافتها فيزيل ثقة الناس بها على اساس انها الحق الـذي لا ياتيه الباطل حتى صاروا يلجأون الى تأويل ايات القرآن الكريم واحكام الدين وفق ما يتناسب ومفاهيمها.

وهو لا ينكراهمية الفلسفة في مجال العلوم ولا ينكر امكانية التأويل ولكن مفهومه للتأويل هو (التعمق في تبيين المعاني الخفية وراء المعاني الظاهرة دون ان تهمل هذه

---

[1] الغزالي: المنقذ من الضلال ص5-6 وانظر محمد ينعيش: الموضوعية والذاتية بين الغزالي وابن تيمية ص 85.
[2] الغزالي: تهافت الفلاسفة ص37-38.

الاخيرة)[1]، ويرى (ان اهل التأويل مهما ترقوا في مقاماتهم المعرفية لابد ان يحكّموا ظواهر الشرع فيما جال بخاطرهم او قلوبهم)[2].

فالغزالي يرى ضرورة الموازنة بين عالم الظاهر وعالم الباطن ويرى ان الباطنية الذين ابطلوا الظواهر (نظروا بالعين العوراء الى احد العالمين ولم يعرفوا الموازنة بين العالمين... فالذي يجرد الظاهر حشوي والذي يجرد الباطن باطني والذي يجمع بينهما كامل..) فبالرغم من انه الف كتابا عن الباطنية وانتقد مذهبهم انتقادا شديدا الا انه لم يبطل اسرار الباطن بالكلية وانما اتخذ موقفا وسطا يجمع بين الظاهر والباطن (ويأخذ بالمعنى المحسوس كما يراقب السر المختفي وراءه)[3]. وكثيرا ما وصف الغزالي بانه هادم الفلسفة وكأن الفلسفة هي فقط ما سطره الفلاسفة الاغريق واقتبسه منهم بعض من المفكرين المسلمين فما دام الغزالي قد انتقدهم وفند كثيراً من حججهم فهو ضد الفلسفة بل وحتى ضد العقل!! مع ان الغزالي كان كغيره من المفكرين له فلسفته، ولكن فلسفته كان مصدرها الشرع وما يدين به المجتمع المسلم، بخلاف فلسفة غيره ممن يسمونهم الفلاسفة العقليين كالفارابي وابن سينا وبعدهم جاء ابن رشد،الخ... والذين كانت فلسفتهم من خارج الاسلام ومن خارج مجتمعاتهم مما جعل البعض يصفهم بـ (مقلدة اليونان الذين حملوا تراثه الى الاوربيين فاسهموا في تشكيل فكرهم فكانت اسهاماتهم لصالح الفكر الغربي لا الاسلامي)، كما انتقدهم المتأخرون مثل محمد اقبال الذي قال: ان هؤلاء كان ضررهم اكثر من نفعهم، وقال: ان (التدقيق في درس القرآن الكريم وفي تمحيص مقالات المتكلمين على اختلاف مدارسهم التي نشأت ملهمة بالفكر اليوناني، يكشف عن حقيقة بارزة هي: ان الفلسفة اليونانية مع انها وسعت افاق النظر العقلي عند

([1]) الغزالي: قانون التأويل ص48-50.

([2]) الغزالي: الجام العوام عن علم الكلام ص68.

([3]) الغزالي: مشكاة الانوار ص19.

مفكري الاسلام غشت ابصارهم في فهم القرآن)[1]. وابعدتهم عن هموم مجتمعاتهم وزادت من تفرق هـذه المجتمعات وتشتيت شملها.

فهو لم يكن ضد العقل ولا ضد الفلسفة ككل بل هو انتقد ذلك الجانب مـن الفلسفة الـذي انتهجـه فلاسفة عصره والذي وجده قاصرا عن الوصول الى الحقائق الالهية والتي لا يجب ان تخضع للتحليل العقلـي فقط من دون النصوص المنقولة. وهو يثق في العقل ويؤكد قدراتـه الا انـه يعطيه حجمـه الحقيقـي علـى اساس انه (ليس مستقلا بالاحاطة بجميع المطالب، ولا كاشفا للغطاء عن جميع المعضلات)[2].

3- الغزالي والتصوف واعتزال الناس

اما تصوفه فقد كان نتاج لعصره الذي لم تسد فيه الخلافات الفكرية والمذهبية فقط بـل سـادت فيـه ايضا شهوات الدنيا وفتنتها كحب المال والجاه واتباع الشهوات الدنيوية الخ... وما تفرزه هذه الشهوات مـن الحقد والحسد والكبر وطلب العلو في الارض وغير ذلك مما يوصف بالخلق السيء مما شجع في ذات الوقت على ظهور افكار الزهد والتصوف لاحداث التوازن في المجتمع انذاك. والغزالي كمتابع يحمل هموم مجتمعه وكباحث يريد التعرف على كل المذاهب والاحداث ،كما مر ذكره، قرأ عن المتصوفة وعن مذهبهم فوجدهم كما يقول: (ارباب الاحوال لا ارباب الاقوال) فبدأ كما يقول، يكف النفس عن الهوى ويقطع علاقـة القلـب عن الدنيا..وبدأ يفكر في نيته من التدريس في النظامية فوجد، كما يذكر في المنقذ من الضلال، انها (لم تكـن خالصة لوجه اللـه تعالى، بل باعثها ومحركها طلب الجاه، وانتشار الصيت)، فقـال: (فتيقنت اني على شـفا جرف هار واني قد اشفيت على النار، ان لم اشتغل بتلافي الاحوال)[3] ومن هنا ثـار، كـما يـرى البعض، نـزاع عميق في نفس الغزالي بين

---

[1] زكي ميلاد: الفكر الاسلامي بين التأصيل والتجديد ص 122.
[2] ماجد فخري: مختصر تاريخ الفلسفة العربية ص99-139.
[3] الغزالي: المنقذ من الضلال ص 80.

شهوات الدنيا التي تجذبه وبين نداء الايمان ينادي بنبذ شهوات الدنيا والنجاة بنفسه والابتعاد عن هذا الجو الذي كان يسود بغداد حيث كان يقوم بالتدريس فقرر مغادرة بغداد والذهاب الى الشام. وبدأ هناك العزلة و الرياضة ومجاهدة النفس وتطبيق مذهب المتصوفة[1]. وعندما التقى به ابن عربي في الشام بعد ان تصوف الغزالي واعتزل و(وبيده عكازه وعليه مرقعة...) سأله وهو في ملابسه الخشنة هذه (اليس تدريس العلوم في بغداد خيرا من هذا؟) وطلب منه العودة الى بغداد حيث كان مرفها قال له الغزالي:

غزلت لهم غزلا رقيقا فلم اجد   لغزلي نساجا فكسرت مغزلي[2]

وعندما رجع الى التدريس في موطنه في طوس في نيسابور لم يعد قصده من التدريس الجاه والانتشار بل قال: (انا الان اعود للعلم الذي به يترك الجاه، ويعرف به سقوط رتبة الجاه ... وانا ابغي ان اصلح نفسي- وغيري...)[3].

اما اعتزاله فهو جزء من تفكيره الصوفي،اذ هو يرى ان ما يعوق الانسان عن العبادة هما الدنيا والناس، فالدنيا مشاغلها كثيرة مما يستدعي علاجها بالزهد فيها وهو ما روض نفسه عليه. اما الناس فيشغلون العبد عن العبادة وذلك بما يتطلب التواجد معهم من معاملات ومجاملات الخ... مما يشغل الانسان عن العبادة ولذلك يرى ضرورة تقليل هذه العلاقات والاعتزال عنهم وبخاصة في زمن المشاكل والفتن وابتعاد الناس عن دينهم والانشغال بدنياهم بعيدا عن القيم الدينية التي كان يدعو اليها، واستشهد بضرورة الاعتزال عن الناس بقول للحارث بن عميرة الذي قال: (.. سياتي عليك زمان كثير خطباؤه قليل علماؤه، كثير سؤاله، قليل معطوه، الهوى

---

[1] يوسف فرحات: الفلسفة الاسلامية واعلامها ص130.

[2] ابن عربي: العواصم من القواصم ص 21.

[3] الغزالي: المنقذ من الضلال ص 100.

فيه قائد العلم ..) ولما سوئل ومتى ذلك؟ قال: (اذا اميتت الصلاة، وقبلت الرشا، وبياع الدين بعرض يسير من الدنيا فالنجاة، ويحك ثم النجاة)[1].

ويبدو ان هجر الغزالي للدنيا وشهواتها واعتزال الناس مر بمراحل مختلفة، فبعد ان ترك التدريس في بغداد وذهب الى الشام لم يضع للاعتزال شروطا سوى ان يبذل المعتزل قصارى جهده في تحصيل العلوم البرهانية (فاذا حصَل ذلك على قدر امكانه حتى لم يبقى علم من جنس هذه العلوم الا وقد حصَله فلا بأس بعده ان يؤثر الاعتزال عن هذا الخلق والاعراض عن الدنيا)[2].

وهنا لابد ان يتساءل القارىء: لماذا العلوم البرهانية والتي حددها بالطبيعيات والرياضيات؟!! و ما فائدة هذه العلوم او اية علوم اخرى ان اعتزل العالم الناس واعرض عن الدنيا، كما جاء في قوله اعلاه؟ ثم كيف يدعو الى العزلة عن الناس وهو الذي انتقد الفلاسفة واتباعهم لابتعادهم عن الجماهير وترفعهم عن مساعدتهم، كما مر ذكره؟ هذا غير ان اعتزال الناس غير مقبول لا دينيا ولا اجتماعيا للانسان من عامة الناس فكيف تقبل من مفكر او داعية دينية ومصلح اجتماعي اوشخصية عامة؟ فهل كان الغزالي في قوله اعلاه يبرر لنفسه قبل الاخرين ما فعله هو نفسه اذ تعلم الفلسفة وكتب مقاصد الفلاسفة وتهافت الفلاسفة وفضائح الباطنية ودرَّس الفقه وغيره في بغداد ثم غادرها الى الشام حيث تصوف واعتزل؟! ويقال انه كتب احياء علوم الدين في فترة اعتزاله تلك، فهل هذا يعني انه كان معتزلا الناس بمعنى عدم مصاحبتهم والتواجد معهم ولكنه مع ذلك كان مهموما بمشاكلهم ومعاناتهم؟ الله اعلم.

وبعد عودته الى بلده طوس اعتزل فترة ثم عاد للتدريس لسبب او لاخر، فالبعض برر عودته بكونه لم يعد يطيق الابتعاد عن التدريس وهي المهنة التي احبها والبعض الاخر بررها لكونها وسيلته في كسب رزقه. اما تبريره الاعتزال لكون

([1]) الغزالي منهاج العابدين ص 48-49.
([2]) الغزالي: ميزان العمل ص 35.

مخالطة الناس تشغل المرء عن العبادة فهو ايضا تبرير غير مقبول وبخاصة ممن يتصدى للاصلاح وتربية الامة، اليس افادة الناس وتعليمهم امور دينهم ودنياهم له اجر العبادة؟ و الله اعلم، قد يكون اجرها عند الله اكثر من العبادة ورحم الله الجاحظ الذي قال: ان نفع الغير هو افضل من العبادة لان العبادة (لاتعدو قمم روؤس العابدين، بينما اثر الاعمال العامة، يخص ويعم)[1].

وعلى اية حال، فبعد ان عاد الى التدريس في طوس، بلده، وفي االفترة الاخيرة من حياته، وهي الفترة التي يعتبرها البعض فترة (نضجه الفكري والروحي والتي الف فيها بعض من اهم كتبه مثل مشكاة الانوار ومعيار العلم ومحك النظر وآخرهم كتاب منهاج العابدين الى جنة رب العالمين والذي الفه في المرحلة الاخيرة من عمره ما بين 504- و 505 هـ)[2] والذي ركز فيه على العبادة وامور الدين وشرح فيه رأيه في الاعتزال، اذ غير رأيه في اعتزال الناس بالمطلق، بل هو وضع شروطا وآليات للاعتزال،منها ان العزلة مطلوبة زمن الفتنة فقط والا فالمخالطة والجماعة اولى بالمؤمن فقال:

اذا انتشرت الفتن (وتراجع الامر، وولى الناس عن امر الدين ولايرقبون في مؤمن إلا ولا ذمة، ولا يطلبون عالما... ولايعنيهم امر دينهم البتة، وترى الفتنة قائمة تعم العامة، وتدب في الخاصة فللعالم العذر في العزلة والتفرد ودفن العلم...) رغم (ان التفرد عن الناس فيه غلط عظيم، وضرره كثير)[3].

وذلك لما للمخالطة من فوائد كثيرة، وعدد فوائد المخالطة فقال: (وهي التعليم والتعلم، والنفع والانتفاع، والتأديب والتأدب، والاستيناس والإيناس، ونيل الثواب

([1]) الجاحظ: البيان والتبيين ج2 ص 349- 350.

([2]) الغزالي: منهاج العابدين ص 122.

([3]) ذات ا لمصدر.

وإنالته في القيام بالحقوق، واعتبار التواضع واستفادة التجارب من مشاهدة الاحوال والإعتبار بها...)[1].

وهو يرى ان الناس من حيث امكانية اعتزال الاخرين قسمين:

1- رجل لا يحتاجه الناس (فالاولى بهذا الرجل العزلة عن الناس فلايخالطهم الا في جمعة او جماعة او عيد او حج او مجلس علم..او حاجة معيشية... والا فيواري شخصه، ويلزم مسكنه، لا يعرف ولا يُعرف.

2- اما الرجل الثاني: فهو يكون قدوة في العلم، بحيث يحتاج الناس اليه في امر دينهم، لبيان حق.. او دعوة الى خير..او نحو ذلك، فلا يسع هذا الرجل الاعتزال عن الناس، بل ينصب نفسه بينهم ناصحا.. ذابا عن دين الله تعالى[2].

ثم اشترط لمن يحتاجه الناس امرين: احدهما صبر طويل وحلم عظيم اما الثاني فهو ان يكون منفردا عن الناس بقلبه وان كان بالجسد معهم (فان كلموه كلمهم، وان زاروه عظمهم على قدرهم وشكرهم.. وان كانوا في حق وخير ساعدهم، وان صاروا الى لغو وشر خالفهم وهجرهم..)[3].

ورغم هذه العلاقات الجافة الخالية من الالفة والمودة والتراحم التي يدعو الناس اليها حتى من قبل من يحتاجه الناس!! الا انه يرى ان زيارة الاخوان في الله تعالى من جواهر عبادة الله تعالى وفيها تقرب الى الله عز وجل لما فيها من الفوائد وصلاح القلوب على شرط تجنب الاكثار والافراط في ذلك وتجنب الرياء وقول اللغو والغيبة ونحو ذلك. وعلى اية حال، فان اعتزال الغزالي وتبرير الاعتزال وشروط الاعتزال التي وضعها انما تدل على عمق الاحباط الذي شعر به الغزالي

---

(1) الغزالي: احياء علوم الدين ج2 ص215.

(2) الغزالي: منهاج العابدين ص117-118.

(3) ذات المصدر ص120.

وهو في بغداد وهو يرى ذلك التشتت السياسي والفكري والمذهبي الذي ساد تلك الفترة، وهو المسكون بتربية الجماهير والعمل على تحقيق سعادتها بالدنيا والآخرة ولم يتمكن من عمل شيء لوقف هذا التشتت وهذه الفوضى مما جعله يترك الحياة المستقرة التي كان يحياها والتكريم الذي كان يلقاه وتصوف واعتزل في الشام.

4-الغزالي بين التقليد والتجديد

لقد اتهم الغزالي من قبل بعض معاصريه وبعض ممن جاءوا بعده بأنه كان مقلدا ,فعلى سبيل المثال لا الحصر، عندما انتقد ابن رشد الغزالي قال عنه انه: (مع الاشاعرة اشعري ومع الصوفية صوفي ومع الفلاسفة فيلسوف)[1]. والغزالي اعترف بأنه كان من المقلدين في اول الامر و شرح في المنقذ من الضلال ما عاناه ليتخلص من آفة التقليد ويستخلص الحق (من بين اضطراب الفرق) وما تحمّل ليرتفع (من حضيض التقليد الى شعاع الاستبصار...) وكيف خاض في المذاهب المختلفة (خوض الجسور لا خوض الجبان..) وهجم على كل مشكلة واقتحم كل ورطة وتفحص عقيدة كل فرقة.. من اجل الوصول الى حقائق الامور وهكذا لم يتخلص من التقليد فقط، بل صار يدينه ويعتبر المقلد اخس رتبة كما مر ذكره، وقال: ان من قلد فهو اعمى ولا(خير في متابعة العميان واتباعهم)[2]. فكونه رفض استيراد الفلاسفة المسلمون للفلسفة الاغريقية واعتمادها واعتبارها المعيارالذي يحكمون بواسطته على الامور لايعني انه كان تقليديا ومقلدا، بل ان كثير من الباحثين اعتبره مجددا، لا على اساس انه جدد الدين، فالدين الاسلامي منزل من رب العالمين وليس هناك من يجدد فيه او يغير، وانما كان مجددا بمعنى تجديد او بعث الروح الاسلامية في نفوس الناس الذين شغلتهم الدنياعن دينهم، فهو يرى انه

[1] ماجد فخري: دراسات في الفكر العربي ص107 عن فصل المقال ص18.
[2] الغزالي: ميزان الهمل.

33

اذا فهم الناس دينهم وحكّموه في جميع مجالات حياتهم الدينية والدنيوة استطاعوا بناء مجتمعا قويا مؤمنا يسعى من اجل اداء دوره في اعمار الارض وتحقيق السعادة في الدنيا والآخرة للانسان فردا او مجتمعا. ومن هذا المنطلق، قال ابو الاعلى المودودي في كتابه، موجز تاريخ تجديد الدين واحيائه ان الغزالي:

(جدد في الناس الفهم الصحيح في الدين وجعل من العبث ايمان المرء وتدينه بدون شعور، واشتد في مخالفته للتقليد الجامد، ورد عناية الناس الى مناهل الكتاب والسنة الصافية واجتهد لبعث روح الاجتهاد... وانتقد نظام التعليم... واقترح مكانه نظاما للتعليم جديدا. وكان في النظام القديم... في عصره عيبان اثنان: اولهما انه، كان يفرق بين علوم الدين وعلوم الدنيا، وهذا باطل البتة في الاسلام والثاني انه كان قد دخلت فيه باسم العلوم الشرعية امور لم تكن لها اهمية)[1].

كما يرى حسن الترابي ان الغزالي كان مجددا فلم يقتصر اهتمامه (بالالفاظ والاجزاء والتفاصيل والفروع والاحكام) كما كان يفعل علماء زمانه متناسين النيات والمقاصد، وبدلا من ان يبحث الغزالي في (كيف ترفع يدك! وكيف تقيم اصبعك عند التشهد..اخذ يتحدث عن اسرار الصلاة وعن حكمها وعن معنى الركوع لله وعن معنى السجود لله، اخذ يحي ويبعث روحا في هذا الدين ويرده الى اصوله العقدية)[2].

اما زكي ميلاد فقد قسم مناهج التجديد الى مرحلتين: قديمة وحديثة، واعتبر منهج كتاب احياء علوم الدين للغزالي احد هذه المناهج القديمة في التجديد، والتي كانت معنية بتجديد (دين الاسلام في نفوس الناس، عقيدة وعبادة وشريعة، فاذا صح دين الناس، امكن لهم ان يقيموا بناء حضاريا قويا راشدا مستنيرا). وذلك لانه في الاسلام (تكون حياة الانسان والمجتمع في مجالات الاقتصاد والثقافة والاجتماع

([1]) زكي ميلاد: الفكر الاسلامي ص128 عن المودودي ص 80-83.

([2]) زكي ميلاد: ذات المصدر ص126 عن حسن الترابي الفكر الاسلامي هل يتجدد ص29.

والتربية والسياسة كلها عبادة الى الله سبحانه وتعالى خالصة موحدة مصبوغة بصبغة الشريعة الاسلامية)[1]. ولذلك لا يمكن لمناهج التجديد والاصلاح ان تبتعد عن هذة الشريعة، ولذلك ايضا، نجد ان كل الحركات التجديدية التي (وضعت نصب عينيها النهضة المدنية وركزت عليها اكثر مما ركزت على النهضة الدينية مثل دعوة رفاعة رافع الطهطاوي والشيخ محمد عبدة وتلاميذهم من بعدهم صارت دعوتهم في النهاية الى مجرد عمل لتقريب الاسلام من العلمانية والمدنية الاوربية). اما الغزالي فقد كان التجديد والاصلاح وفق الشريع الاسلامية منهجه (فيما صنف من كتب ومؤلفات لمعالجة الاوضاع السلبية التي عايشها ومواجهة التحديات الفكرية التي كانت تتمثل بالمذاهب المختلفة... التي نشطت في عصره)[2].

وفكر الغزالي التجديدي، كما يرى محمد عابد الجابري هو الذي جعل فكره حاضرا في ثقافتنا العربية الاسلامية منذ القرن الخامس الهجري والى اليوم فقد (كان حاضرا وما يزال في وجدان مؤيديه والرافعين من شأنه كما في اذهان معارضيه الراغبين من التخلص منه نوعا من التخلص)[3]. بل ان البعض يراه ثوريا في تجديده ويرى عمله ثورة على الاوضاع السائدة انذاك وقد تمثلت هذة الثورة في نظر عبد القادر محمد في:

1- ثورته العقلية على التقليد والتقليدية.

2- ثورته كمتكلم على اضطراب مناهج علماء الكلام.

3- ثورته كفيلسوف على تجديف مناهج الفلسفة والباطنية خارج منهج الاسلام.

([1]) ذات المصدر ص 84 و ص 73.

([2]) زكي ميلاد: ذات المصدر ص 85 و ص 124.

([3]) زكي ميلاد: ذات المصدر ص124-125 عن الجابري: التراث والحداثة ص156.

4- ثورته كصوفي بصير على مناهج الانفصال لدى صوفية، السلبيات والشطحات والوثنيات[1].

وعلى اية حال، ومهما اختلف الباحثون في كون الغزالي مجددا ام مقلدا و كل بحسب مفهومه الخاص عن التجديد والتقليد، فانهم لا يمكن ان يختلفوا في انه كان مربيا شاملا بمعنى انه لم يترك بابا من ابواب التربية لم يطرقه ولم يترك فئة من فئات الجماهير المسلمة لم يتوجه اليها. فجل اهتمامه كان منصبا على تربية المسلم فردا ومجتمعا، روحيا وجسديا ودينيا ودنيويا معتمدا في ذلك الشريعة الاسلامية التي كانت مصدرا يستمد منه منظومته الاخلاقية التي تعمل على تربية الانسان المسلم تربية قويمة تعده دينيا واجتماعيا ليكون مواطنا صالحا ومسلما ملتزما. وفكره التربوي انطلق من مفاهيمه عما يلي:

1- مفهومه للطبيعة الانسانية.

2- مفهومه للعلم ودوره.

3- مفهومه للاخلاق.

4- مفهومه للعقل.

ويحتوي كل هذه المفاهيم ويوجهها ايمانه الراسخ بالله وتمسكه بشريعته. وانطلاقا من هذه المفاهيم بنى فكره في مسألة تهذيب النفس وتهذيب الآخرين وسلوك العالم والمتعلم، والحاكم والمحكوم، وعلاقة افراد المجتمع مع بعضهم بعضا وواجبات كل فرد نحو نفسه ونحو من حوله من الاهل والولد، والاخوان في الدين ,وكل ما يتعلق بذلك من حقوق كحقوق المرأة على زوجها وحقوق الزوج عليها، وبر الولد بوالديه وبر الوالدين به،وحقوق الجار وصلة الرحم، وحقوق العلماء والحكام على العامة، وحقوق العامة على العلماء والحكام الى آخر ذلك من حقوق وواجبات تحقق التوازن في المجتمع. وكل هذة الحقوق والواجبات يستنبطها الغزالي

---

(1) عبد القادر محمد: الفكر الاسلامي والفلسفة المعاصرة ص269.

من تعاليم الشريعة الاسلامية التي لا تستقيم الاخلاق، في نظره ولا تحصل الفضيلة الا بها. وان حصلت الفضائل واستقر الانسان، كفرد وكمجتمع، حصلت لهما السعادة في الدنيا والآخرة فكل عمل في نظر الغزالي لا يهتدي بالشرع فهو ضلالة. والصفحات التالية ستتعرض لبعض من مفاهيمه هذه بشكل بسيط لان كل من هذه المفاهيم يحتاج لابحاث متخصصة لمناقشته وليس هذا هو هدف هذا العمل.

الفصل الثاني

الطبيعة الانسانية

مبدأ الخلق

ان الغزالي كأي مسلم مؤمن، يؤمن بان الكون بكل نواميسه وقوانين حركته، وبكل موجوداته بما فيها الانسان قد وجد بارادة الله سبحانه وتعالى، رب العالمين (وخالق كل شيء)[1] والذي جعل لكل مخلوق غاية من الوجود ودور يؤديه وزوده بكل الاجهزة والاليات التي تمكنه من اداء هذا الدور وتحقيق الغاية من وجوده. وقد كرم الله سبحانه وتعالى الانسان باكرم واخطر دور على الارض وهو خلافة الله في الارض وعبادته وتنفيذ احكامه فيها من اجل اعمارها ماديا ومعنويا. ماديا يتمثل في تسخير ما خلق الله له باكتشافه وتنميته والانتفاع به. واعمارا معنويا يتمثل بالتمسك بالقيم الروحية التي امرالله بها وتنفيذ احكامه ومراعاتها وهو يعمل بالاعمار المادي ليكون عمله صالحا يرضى عنه الله تعالى وليحقق الغاية من وجوده (الانسان). وما العبادات سوى غذاء روحي يربط الانسان بخالقه ويوجه سلوكه توجيها خيرا يقف في وجه النوازع الحيوانية التي يمكن ان تضلله.

وقد خلق الله الانسان في احسن تقويم قال تعالى (لَقَدْ خَلَقْنَا الإِنْسَانَ فِي أَحْسَنِ تَقْوِيمٍ)[2]، وزوده بكل الاجهزة والامكانات والطاقات الجسدية والعقلية التي تمكنه من اداء هذا الدور بشكل يؤهله لان يتعامل مع الخالق من جهة ومع الارض والكون المحيط من جهة اخرى. فهو كخليفة الله الخالق المبدع كان لابد ان يكون فيه قبس منه يؤهله للخلافة ويعطيه من القدرات ما يجعله مستحقا للخلافة هذه. وبما ان دوره مرتبط بالارض واعمارها فقد جعل الله له شيئأ منها يشده اليها. وهكذا كان، فقد

([1]) سورة البقرة: 117.

([2]) سورة التين: 4.

خلق الـلـه الانسان من طين الارض ونفخ فيه من روحه بدليل قوله سبحانه وتعالى للملائكة (اني خالق بشرا من طين* فاذا سويته ونفخت فيه من روحي فقعوا له ساجدين)[1] وبهذا اصبح للانسان جانب مادي يُدرك بالحس وجانب روحي لا يدرك حسيا، مما جعل الغزالي يصف الانسان فيقول: ان الانسان (مخلوق من جسم مدرك بالبصر ونفس مدركة بالعقل والبصيرة لا بالحواس. وقد اضاف الـلـه سبحانه جسد الانسان الى الطين وروحه الى نفسه)[2].

ولحماية الانسان وحفظ نوعه فقد جعل الـلـه سبحانه وتعالى له قـدرات جسـدية وغرائـز وشـهوات كثيرة، ولكن وفي ذات الوقت فان نفخة الروح زودته بقدرات واليـات كثـيرة، وعـلى رأ سـها العقـل والارادة، يتمكن بواسطتهما من ضبط هذه الشهوات والغرائـز وتهـذيبها ووضـعها في الوسـط المحمـود بـين الطـرفين المذمومين، الافراط والتفريط، ولذلك قال الغزالي ان الانسان على:

(رتبة بين البهيمة والملك، وفيه جملة من القوى والصفات. فهو من حيث يتغذى وينسل فنبات ومن حيث يحس ويتحرك فحيوان. ومن حيث صورته وقامته فكالصورة المنقوشة على الحائط. وانما خاصته التـي لاجلها خُلق، قوة العقل ودرك حقائق الاشياء. فمن استعمل جميع قواه على وجه التوصل الى العلم والعمل فقد تشبه بالملائكة فحقيق بأن يلحق بهم وجـدير بـأن يسـمى ملكـا ربانيـا... ومـن صرف همتـه الى اتبـاع اللذات البدنية، يأكل كما تأكل الانعام فقد نزل الى افق البهائم)[3].

والقوى التي تتحكم في سلوك الانسان، في نظر الغزالي، هي ثلاث قوى: قوة العقل وقوة الغضب وقوة الشهوة. وللانسان، بحكم تكوينه، ومن خلال احداث التوازن بهذه القـوى، القـدرة عـلى الوصـول الى اقصى- درجات الخير والصلاح كما له

([1]) سورة ص: 71-73.

([2]) الغزالي ميزان العمل ص 199.

([3]) الغزالي: ميزان العمل ص200-201.

القدرة على الهبوط الى ادنى الدرجات في الشر من خلال وضع قواه العقلية في خدمة شهواته الحيوانية فيستنبط مناحي للشر، فالشر في نظر الغزالي هو ان يترك الانسان زمام نفسه وكيانه الانساني لسيطرة الجسد وشهواته، بينما هو يستطيع ان يصل الى اقصى درجات الخير عندما يترك الزمام للروح التي هي بحكم منشئها وبما يرتبط بها من قدرة على التفكر والتعقل اقدر على تحقيق التوازن في سلوكه، ومن هنا جاء اهتمامه بالعقل الذي يمكنه تحقيق هذا التوازن[1].

مفهوم العقل

وعندما قسم الغزالي النفس الانسانية الى ثلاث قوى، قوة العقل وقوة الغضب وقوة الشهوة، عد العقل اشرف هذه القوى لانه (بالعقل صار الانسان خليفة الله وبه تقرب اليه وبه تم دينه) واستشهد على ذلك بقول الرسول صلى الله عليه وسلم، (لا دين لمن لا عقل له، وقوله: لا يعجبكم اسلام امريء حتى تعرفوا عقله)[2]. وقوله:(ازدد عقلا تزدد من ربك قربا)[3] وينقل عن سعيد ابن جبر انه قال: (ما رأيت للانسان لباسا اشرف من العقل، ان انكسر صححه، وان وقع اقامه، وان ذل اعزه، وان سقط في هوة.. استنقذه منها، وان افتقر اغناه. واول شيء يحتاجه البليغ العلم الممزوج بالعقل)[4].

فالعقل كما يعرفه الغزالي: (هو ما يعقل به حقائق الاشياء) وقد اشتقت كلمة العقل، كما يقول، من العقال، والمعقل المنيع وهي القلعة على رأس الجبل لا تصل اليها يد احد لامتناعها وقوتها واحكامها. ويرى ان مصطلح العقل والنفس والذهن

([1]) الغزالي: احياء علوم الدين/ بيروت دار المعرفة ج3 ص10-11.

([2]) الغزالي: ميزان العمل ص330 -331.

([3]) الغزالي : العلم ص242.

([4]) الغزالي: الرسالة اللدنية ص95.

هي حالات مختلفة لجوهر واحد، (الا انها سميت عقلا لكونها مدركة وسميت نفسا لكونها متصرفة وسميت ذهنا لكونها مستعدة للادراك)[1].

والعقل، كما يرى الغزالي، هو اسم يطلق بالاشتراك على اربعة اشياء: الاول الوصف الذي يفارق الانسان به سائر االبهائم، وهو الذي به يستعد لقبول العلوم النظرية.. والثاني: القدرةعلى التمييز بين الجائز والمستحيل، والثالث: العلوم المستفادة من التجارب والرابع: معرفة عواقب الامور وقمع الشهوات. والناس تتفاوت قدراتها في هذه الاقسام الاربعة.

فالعقل في نظر الغزالي هو آلة المؤمن وعدته لمواجهة الحياة، والتكيف لها والتأثير في المحيط حوله بشكل يؤدي الى اعمار الارض وتحقيق الغاية من وجوده مما يؤدي بالتالي الى سعادته بالدنيا اولا ثم سعادته الابدية في الآخرة، والتي هي الغاية القصوى للانسان المسلم المؤمن، ولذلك نقل عن ابي العباس رضي الله عنه نقلا عن الرسول صلى الله عليه وسلم انه قال:

(لكل شيء آلة وعدة، وان آلة المؤمن العقل، ولكل شيء مطية، ومطية المرء العقل، ولكل شيء دعامة، ودعامة الدين العقل ولكل قوم غاية، وغاية العباد العقل، ولكل قوم داع، وداعي العابدين العقل، ولكل تاجر بضاعة، وبضاعة المجتهدين العقل، ولكل اهل بيت قيِّم، وقيِّم بيوت الصديقين العقل، ولكل خراب عمارة، وعمارة الآخرة العقل، ولكل امريء عقب ينسب اليه ويُذكر به، وعقب الصديقين الذي يُنسبون اليه ويُذكرون به العقل، ولكل سفر فسطاط، وفسطاط المؤمنين العقل)[2].

ويقسم الغزالي العقل الى عقل غريزي فطري مولود مع الانسان وعقل مكتسب، والعقل الغريزي هو القدرة على التعلم والتي فطر عليه الانسان وبتعبير الغزالي (هو القوة المستعدة لقبول العلم، ووجوده في الطفل كوجود النخل في

---

(1) ذات المصدر.

(2) الغزالي: العلم ص338.

النواة..)[1] وهو الاصل والمنبع لانه (الاستعدادالمحض لادراك المعقولات)[2]. اما العقل المكتسب فهو نتيجة للعقل الغريزي والمادة التي تزيد العقل الغريزي وتحقق له الكمال. وهو يحصل من التجارب والعلوم المختلفة والتي قد يكون تحصيلها مقصودا من خلال التعلم او غير مقصود ومن حيث لا يدري الانسان (كفيضان العلوم الضرورية عليه بعد التمييز من غير تعلم) مقصود. ولا يمكن ان يكون هناك عقل مكتسب لولا وجود العقل الغريزي الذي هو الاستعداد الفطري للتعلم وتقبل العلوم والذي به ميز الله سبحانه وتعالى الانسان عن غيره من المخلوقات واستشهد على قوله هذا في تقسيم العقل بالقول التالي:

رأيت العقل عقلين   فمطبوع ومسموع

ولاينفع مسموع   اذا لم يكن مطبوع

كما لاتنفع الشمس   وضوء العين ممنوع[3]

فالعقل بمفهوم الغزالي ينمو بالاستخدام وباكتساب المعارف والعلوم والخبرات وبضعف ويتراجع بعدم الاستخدام والاهمال في تحصيل العلوم والمعارف.

ومن مفهومه للعقل بشقيه الغريزي والمكتسب عالج الغزالي السلوك الانساني، اذ هو يرى ان الله سبحانه وتعالى، خلق الانسان بقدرات واستعدادات عقلية فطرية تمكنه من الحياة على الارض والقيام بدوره في اعمارها ان هو استطاع تنمية هذه القدرات وتفعيلها وتوجيهها، وذلك من خلال التعلم وتحصيل العلوم المختلفة التي تزيد العقل الغريزي قوة وكمالا مما يحقق بالتالي سعادته لانه يرى ان (سعادة كل شيء ولذته وراحته في الوصول الى كماله الخاص به) ويقول ان (الكمال الخاص بالانسان هو ادراك حقيقة العقليات على ما هي عليه دون المتوهمات والحسيات التي

[1] الغزالي: ميزان العمل ص93.
[2] الغزالي: الرسالة اللدنية ص95.
[3] الغزالي: ميزان العمل ص93.

يشاركه الحيوانات فيها)[1]. فالعقل في نظره ينمو بالعلم والخبرات، فكما ان القوة الحيوانية تطلب الغذاء والشهوات الاخرى فان العقل (لا يريد الا العلم ولا يرض الا به.. ويتعلم طول عمره.. ويتحلى بالعلم جميع ايامه...)[2] الى وقت مفارقته الحياة وذلك لانه مادته وغذاءه الذي ينميه ويحقق له الكمال. وحاجة العقل للعلم تجعل كماله يتأخر عن كمال الغرائز الاخرى. اذ لا تكمل غريزة العقل في نظره الا بعد كمال غريزتي الشهوة والغضب، وان كانت مبادىء كمال العقل تظهر بعد السن السابعة من العمر، ثم يتدرج في الكمال حتى سن الاربعين الا ان (كمال العقل يكون عند مقاربة الاربعين)[3]. هذا ان كان الانسان قد بذل الجهد المطلوب لتحصيل العلوم واكتساب الخبرات والمهارات خلال سنوات حياته هذه. ونلاحظ هنا ان الغزالي قد جعل التعلم وطلب العلم عملية مستمرة مدى الحياة ولذلك اهتم الغزالي بالعلم وطلبه حتى انه اعتبر العقل المكتسب هو العلم، اذ قال: ان الاستعداد الفطري (الغريزي) يسمى (عقلا) والآخر الذي يحصل بالاكتساب يسمى (علما)[4] وشرح علاقة العلم بالعقل فقال: (العقل منبع العلم ومطلعه واساسه، والعلم يجري منه مجرى الثمرة من الشجرة والنور من الشمس والرؤية من العين)[5]، فالعقل في نظره هو الذي ميز الانسان عن البهائم وجعله مستعدا لقبول العلوم.

ولقد اعطى الغزالي للعقل دورا كبيرا في سلوك الانسان وفي احداث التوازن المطلوب فيه، فقال: ان (نفس الانسان في بدنه كمثل وال في مدينته ومملكته. فان البدن مملكة النفس وعالمه ومستقره ومدينته، وقواه وجوارحه بمنزلة الصناع والعملة، والقوة العقلية المفكرة له كالمشير الناصح والوزير العاقل، والشهوة له كعبد

---

[1] الغزالي: ميزان العمل ص 15.
[2] الغزالي : الرسالة اللدنية 50- 51.
[3] الغزالي : التوبة ص20.
[4] الغزالي: معيار العلم ص287.
[5] الغزالي: احياء علوم الدين ج1 ص141.

سوء يجلب الطعام والميرة الى المدينة، والغضب والحمية له كصاحب شرطة، والعبد الجالب للميرة كذاب مكار ومخادع خبيث يتمثل بصورة الناصح وتحت نصحه الشر الهائل والسم القاتل وديدنه وعادته منازعة الوزير الناصح في كل تدبير يدبره ...)(1) ولذلك فان على الوالي، حتى تستقيم امور مملكته، ان يجعل الوزير مسلطا على العبد الخبيث (الشهوة) حتى يجعل العبد (مسوسا لا سايسا ومأمورا لا مدبرا ولا آمرا) وكذلك نفس الانسان:

(متى استعانت بالعقل وادبت القوة الغضبية وسلطتها على الشهوة واستعانت باحديهما على الاخرى، فتارة بان تقلل من تيه الغضب وغلوائه بخلابة الشهوة واستدراجها وتارة بقمع الشهوة وبقهرها بتسليط القوة الغضبية عليه وتقبيح مقتضياتها اعتدلت قواه وحسنت اخلاقه...)(2).

ورغم الدور الكبير الذي اعطاه الغزالي للعقل الا انه لم يفصله عن الشرع كما فعل ويفعل بعض العقلانيين، بل هو اعتبر العقل كالسراج والشرع كالزيت الذي يمده بالطاقة والتي بدونها لا يضيء السراج فقال: (فما لم يكن زيت لم يحصل السراج)؛ والعلاقة بين الشرع والعقل كما يراها الغزالي هي علاقة تكامل وتلازم ولذلك قال: (اعلم ان العقل لن يهتدي إلا بالشرع، والشرع لم يتبين الا بالعقل، فالعقل كالاس والشرع كالبناء، ولن يغني اس ما لم يكن بناء ولن يثبت بناء ما لم يكن اس)(3). اذ هو يرى ان هناك (من العلوم الشرعية ما لايدرك.. الا بالعلوم العقلية فان العقلية كالادوية للصحة والشرعية كالغذاء)(4)، ولا بد من (تربية العقل وتأديبه وتهذيبه بالشرع) حتى يتنزه العقل عن الخبث الذي يجعله يعمل على هدم العقيدة.

---

(1) الغزالي: معارج القدس في مدارج معرفة النفس ص97- 98.
(2) الغزالي : ذات المصدر.
(3) الغزالي: معارج القدس في مدارج معرفة النفس ص57.
(4) الغزالي: ميزان العمل ص94.

وشبه العقل المنزه هذا بالعين (السليمة من الآفات في حين ان الشرع يشبه الشمس التي يغمر نورها الاشياء فيكسبها الوانها وتصبح رؤيتها امرا ممكنا)[1]. مما يعني ان العقل لا يرى ولا تتضح له الامور الا بهدي الشرع. ولهذا نجد ان الغزالي يؤكد في كل كتاباته على كل من العقل والايمان بالله وكتبه ورسله، فالقرآن الكريم والسنة النبوية الشريفة باعتبارهما الفسطاس المستقيم الذي يزن بهما الانسان المسلم كل ما يُعرض عليه من امور ولذلك اعتبر الداعي (الى محض التقليد مع عزل العقل بالكلية جاهل، والمكتفي بمجرد العقل عن انوار القرآن والسنة مغرور)[2]. وقال في كتاب الاقتصاد في الاعتقاد: (ان لا معاندة بين الشرع المنقول والحق المعقول... وان من ظن... وجوب الجمود على التقليد، واتباع الظواهر) فقط، ما فعلوا ذلك الا (من ضعف العقول وقلة البصائر)[3]. ومن جهة اخرى، فهو ادان الفلاسفة وغلاة المعتزلة الذين بالغوا في اعتماد العقل (حتى صادموا به قواطع الشرع...) واعتبر توجهاتهم هذه (من خبث ضمائرهم) فانتقد ميل (اولئك الى التفريط وميل هؤلاء الى الافراط) واعتبر كليهما بعيدا عن الحزم والاحتياط (فالعقل مع الشرع نور على نور...)[4] فهو استخدم العقل ودعا لاستخدامه لدعم الشرع وليس لتهوينه او اهماله ولذلك قال: (واياكم ان تغيروا هذا النظام...قد علمتكم كيف يُزين المعقول بلاستناد الى المنقول "القرآن والسنة" لتكون القلوب فيها اسرع الى القبول، واياكم ان تجعلوا المعقول اصلا والمنقول تابعا ورديفا، فان ذلك شنيع منفر...)[5] واعتبر هجر القرآن والتعليمات النبوية (السنة) من عمل الجاهلين الذين يدعون نصرة الدين وهم لا

([1]) الغزالي: ذات المصدر ص30-33.

([2]) ذات المصدر.

([3]) الغزالي: الاقتصاد في الاعتقاد ص21-22.

([4]) ذات المصدر.

([5]) الغزالي: القسطاس المستقيم ص 101.

يفعلون الا تضليل انفسهم وعامة الناس[1]. ولمعالجة هذا الجهل ومن اجل الوصول بالعقل الى كماله اهتم الغزالي بالعلم.

العلم ودوره وانواعه

لقد اهتم المسلمون، افرادا وقادة، بالعلم لانه في نظر الكثير منهم (اشرف ما رغب فيه راغب وافضل ما طلب وجد فيه الطالب وانفع ما كسبه واقتناه كاسب)[2] وقد عبروا عن هذا الاهتمام باشكال مختلفة، منها احترام العلم والعلماء، وتشييد المدارس والمكتبات الخ... و(حرصوا على نشر العلم بين الناس بعد ان كان العلم في كل مكان سرا من اسرار الاديرة وتجارة من تجارات رجال الدين وميزة من ميزات بعض الملوك والامراء)[3].

وتباينت تعريفات العلم عندهم فمنهم من اعتبره (المعرفة البسيطة، سواء اكانت تلك المعرفة فطرية ام مكتسبة، وسواء اكانت تتناول فرعا واحدا من فروع العلم ام تتناول فروعا كثارا)[4]. وكان ابو حامد الغزالي من اكثر المهتمين بالعلم وبتحصيله و العمل به. وهو يُعرف العلم على انه (.. الاعتقاد الجازم المطابق للواقع وهو ادراك الشيء على ما هو به)[5]. اوهو(... معرفة الشيء على ما هو به، وهو من صفات الله تعالى) وعليه لا يمكن ان يكون العلم مذموما بحد ذاته وانما يذم العلم للاسباب التالية:

أ- ان يكون مؤديا الى ضرر ما، اما لصاحبه او لغيره مثل السحر.

ب- ان يكون مضرا بصاحبه في اغلب الامر مثل بعض علوم التنجيم.

---

(1) ذات المصدر.

(2) الماوردي: ادب الدنيا والدين ص41.

(3) عمر فروخ : عبقرية العرب ص 37-38.

(4) ذات المصدر ص28.

(5) الغزالي: الرسالة اللدنية ص83.

ج- والعلم الذي لا يستفيد الخائض فيه فائدة علم مثل البحث في الاسرار الالهية والتي يشتغل بها الفلاسفة من دون ان يصلوا الى نتيجة تكون هي الحق الذي لا تشوبه شائبة[1].

وهو يشبه العلم بالنور الذي يبدد الظلمة فقال: (.. العلم اشرف من الجهل، فالجهل مثل العمى والظلمة، والعلم مثل البصر والنور، وما يستوي الاعمى والبصير ولا الظلمات ولا النور)[2].

فكل انسان في نظر الغزالي له استعداد طبيعي وفطري للتعلم واستيعاب العلوم المختلفة، ويستشهد على ذلك بقول منسوب للرسول صلى الله عليه وسلم (كل مولود يولد على الفطرة) وعليه فان العلم او الاستعداد للتعلم كامن في نفوس البشر بالفطرة، مثل الماء في جوف الارض ولا يحتاج الا الحفر ليظهر، بمعنى انه موجود في نفوس البشر بالقوة (ولابد من السعي لابرازه بالفعل)[3]، وابرازه من القوة الى الفعل يتطلب جهدا يبذله المتعلم ويبذله من حوله ممن هم معنيون بتعليمه، وبقدر هذا الجهد المبذول في تحصيل العلوم يتعلم الانسان ويحقق الكمال لعقله. ومقدار الجهد المطلوب يختلف من متعلم الى آخر، فمنهم من يحتاج الى جهد كبير وبخاصة هؤلاء الذين لم يتعلموا في الصغر (زمن الصبا) ومنهم من يكفيه القليل من الجهد، ولكن كل انسان قادر لان يتعلم ويصل الى اي مستوى يريد. كل ما في الامر هو ان البعض يحتاج الى وقت وجهد اكثر من البعض الآخر.وتفاوت الناس في قدراتهم على التعلم، في نظره، هو بسبب طاريء وعارض من الخارج لان العلوم (مركوزة في جميع النفوس الانسانية... وكلها قابلة) لتعلم جميع العلوم (وانما يفوت

([1]) الغزالي: احياء علوم الدين ج1 41- 42.

([2]) الغزالي: كيمياء السعادة والرسالة اللدنية ص5/ المكتبة المحمودية التجارية.

([3]) الغزالي: ميزان العمل ص 91.

نفسا من النفوس حظها منه بسبب)[1] من الخارج واهم هذه في نظره والتي تعيق التعلم هو انشغال هذه النفوس بالدنيا وشهواتها، وكلما زاد هذا الانشغال بالدنيا كلما زاد مرض النفوس واثر على استعدادها لتحصيل العلم.

ويقارن الغزالي بشكل لطيف بين المال والعلم وكيفية تحصيلهما والاستفادة منهما فيقول:

(ان الانسان وهو يعمل لتحصيل العلم يمر باربعة مراحل كحاله وهو يعمل لاقتناء الاموال. فصاحب المال له حال استفادة وحال ادخار لما اكتسبه مما يجعله غنيا عن السؤال وحال انفاق على نفسه فيكون منتفعا وحال افادة غيره بالانفاق فيكون سخيا متفضلا. وهذا الحال الاخير هو اشرف احواله. فكذلك العلم كالمال ولصاحبه حال استفادة وحال تحصيل وهو فيه مُحصل مستغني عن السؤال وحال استبصار وهو تفكره في المحصل وحال تبصير وتعليم وهو اشرف احواله)[2].

والعلم كالمال في نظر الغزالي ايضا من حيث انه ليس له حد يقف الانسان عنده. حد يشعر عنده انه اكتفى منهما ولذلك قال: (منهومان لا يُشبعان: منهوم العلم ومنهوم المال)[3]. وقد يختلف المال عن العلم وذلك ان جميع احوال الانسان مع العلم فيها من اللذة ما يجلب له الرضى والسعادة وبخاصة ان لذة العالم في علمه هي (لذة لا نهاية ولا مزاحمة فيها لان المعلومات تتسع للطلاب وان كثروا، بل ان استئناس العالم يزيد بكثرة شركائه.. اذا كان يقصد ذات العلم لا حطام الدنيا ورئاستها). هذا غير ان عز العلم في نظره، يدوم ولا (يقبل العزل والابطال بعزل الولاة وابطالهم.) مما يجعل الولاة يخافون العزل و(يتشوقون ان يكون عزهم كعز

([1]) الغزالي الرسالة اللدنية ص105.
([2]) الغزالي: ميزان العمل ص107- 108.
([3]) الغزالي : كتاب ذم البخل ص56.

العلماء)[1] الذين لايستطيع احد ان يجردهم منه. واللذة والرضى والسعادة التي يجلبها العلم للعالم تجعل الانسان يتشوق لطلب العلم، وهذا يجعل فكرة اندراس العلم في نظر الغزالي محض (خيال يدل على غاية الجهل..فان الناس لو حبسوا في السجن، وقيدوا بالقيود، وتوعدوا بالنار) لمنعهم من طلب العلم، لكانت الرياسة وعلو المنزلة التي يوفرها لهم العلم (يحملهم على كسر القيود،وهدم حيطان الحصون، والخروج منها، والاشتغال بطلب العلم)[2].

وكما ربط الغزالي بين العلم والعقل وجعل العقل شمس والعلم نور الخ... وربط بين العقل والشرع فهو كذلك ربط العلم بالعبادة فطلب من العابدين ان يتسلحوا بالعلم فقال: (ياطالب الخلاص بالعبادة عليك اولا، وفقك الله بالعلم فانه القطب وعليه المدار. واعلم ان العلم والعبادة جوهران لأجلهما كان كل ما ترى وتسمع من تصنيف المصنفين وتعليم المعلمين، ووعظ الواعظين، ونظر الناظرين، بل لاجلهما أنزلت الكتب وارسلت الرسل...) واعلم ايضا (ان العلم اشرف الجوهرين وافضلهما.. ولكن لابد للعبد من العبادة مع العلم، والا كان علمه هباء منثورا. فان العلم بمنزلة الشجرة والعبادة بمنزلة ثمرة من ثمراتها، فالشرف للشجرة اذ هي الاصل، ولكن الانتفاع انما يحصل بثمرتها. فاذا لابد من العبادة ليسلم شرف العلم...)[3].

والغزالي يُكبر العلوم جميعا ويجلها، ورغم تأكيده على ان (علم التوحيد افضل العلوم واجلها واكملها)، الا انه يرى ان العلم ايا كان هو (شريف بذاته... حتى ان علم السحر شريف بذاته... وان كان باطلا...) وذلك لان العلم ضد الجهل...والجهل هو العدم... والعلم هو الوجود (والوجود خير من العدم... والهداية والحق والنور

([1]) الغزالي: ميزان العمل ص 12.

([2]) الغزالي : التفكر في خلق الله ص 68.

([3]) الغزالي: منهاج العابدين ص67.

كلها في سلك الوجود..) فإذا الوجود افضل من العدم وبالتالي (فالعلم اشرف من الجهل لان العلم نور والجهل عمى ولا يستوي الاعمى والبصير)[1]. ولابد هنا من التساؤل ما هي هذه العلوم التي هـي نـور واشرف من الجهل والتي دعا الغزالي الى تعلمها؟

اقسام العلم وانواعه

اختلف المسلمون زمن الغزالي حول ماهية الثقافة واقسام العلوم المطلوبة للمسلم، فمنهم من كان يرى ان الفلسفة والمنطق والحساب والفلك، هي ارقى العلوم وان كانت غير مطلوبة للعامة فهي مطلوبة للخاصة ومن هؤلاء كان الكندي وابن سينا وغيرهما من اتباع الفلسفة اليونانية ممـن كـان يـرى ان صناعة الفلسفة هي (اعلى الصناعات الانسانية منزلة واشرفها مرتبة)[2]. ومنهم مـن كـان يـرى الخـوض في هـذه العلوم بدعة مرفوضة والعلم الوحيد الذي على المسلمين، خاصتهم وعـامتهم، ان يطلبوه هـو علـم الـدين والعبادات مما يندرج تحت مسمى العلوم الشرعية. اما الفئة الثالثة وعلى رأسـهم ابو حامد الغزالي فقد اعطوا الاهتمام الاكبر للعلوم الشرعية الا انهم لم يرفضوا العلوم الاخرى. فالغزالي وان كـان يـرى ان علـوم القرآن الكريم والحديث الشريف هي (البحر المحيط ومنه يتشعب علم الاولين والاخرين كما يتشعب عـن سواحل البحر المحيط انهارها وجداولها)[3]. الا انه لم يرفض العلوم الاخرى ونجد ان كتاباته لم تقتصر ـ عـلى العلوم الشرعية فقط بل هو دعا الى تعلم علوم اخرى وبخاصة الرياضيات والحساب والفلك الـخ... الا انـه اشترط على من يخوض في هذه العلوم ان لا ينجر (الى الاعتقاد ان كل العلوم الدينية والشرعية

---

[1] الغزالي : الرسالة اللدنية ص 24- 25.

[2] ماجد فخري : مختصر تاريخ الفلسفة العربية ص3.

[3] الغزالي : جواهر القرآن ص8.

يمكن البراهين عليها بذات الدقة الحسابية)[1] التي يمكن ان يصل اليها الباحث في العلوم الفلسفية والرياضية. والا فانه يعرض نفسه لان (ينخلع من الدين).

وهو وان كان يؤكد في كتاباته على الجانب الروحي الاخلاقي للمسلم بعيدا عن العمل الجسدي والذي يراه اقل شأنا وفي بعض الاحيان اشغال للعبد عن العبادة، كما يرى ان علم التوحيد هو افضل العلوم واجلها واكملها، كما مر ذكره وهو العلم الواجب (على جميع العقلاء) وهو المقصود في قول الرسول صلى الله عليه وسلم (طلب العلم فريضة على كل مسلم) و(اطلب العلم ولو في الصين)[2]، الا ان هذا لا يعني اهمالا لهذا الجانب (العمل الجسدي) الضروري والحيوي في حياة الانسان وانما لانه يرى ان اية مهنة (سواء اكانت عملا جسديا ام عقليا) لها وجهين، وجه اخلاقي روحي ووجه تقني، وهو كعالم ديني اهتم بهذا الجانب الاخلاقي الروحي الذي منه الاخلاص في العمل والاتقان وكيفية التعامل مع آخرين بما يرضي الله سبحانه وتعالى الخ... تاركا التفصيلات التقنية والفنية لمن هو اهل لها من ذوي الاختصاصات. ولهذا فهو قسم العلوم الى ثلاثة اقسام رئيسية:

أ – علوم شرعية (نقلية).

ب – علوم عقلية.

ج – علوم لسانية.

أ – وقسم العلوم الشرعية الى نوعين:

1- علم الاصول وهو علم التوحيد الذي ينظر في ذات الله عز وجل وصفاته وفي كتبه ورسله وملائكته والقرآن وتفسيره وعلم الحديث

---

[1] الغزالي: المنقذ من الضلال ص 22.
[2] الغزالي: الرسالة اللدنية ص 24-25.

52

وغير ذلك من العلوم (التي تبقى معلوماتها ابد الآبدين ولا تزول ولا تحول)[1]، وعلم الاصول يعتبر علم علمي او نظري احيانا.

2- علم الفروع: وهو علم عملي ويشمل:

- علم النفس بصفاتها واخلاقها وبكيفية معيشتها مع الاهل والولد والخدم..ومع عامة الناس.
- علم سياسة اهل البلد وضبطهم ...ولاجل هذا العلم يراد الفقه.
- وآداب القضاء كمعرفة احكام البيع والخراج والنكاح الخ...

واهم هذه العلوم العملية الثلاث في نظر الغزالي هو (تهذيب النفس وسياسة البدن ورعاية العدل من هذه الصفات حتى اذا اعتدلت (النفس) تعدت عدالتها الى الرعية البعيدة في الاهل والولد، ثم اهل البلد..)[2] والعمل في هذه كلها يتطلب معرفة ثلاث حقوق هي:

- **حق الله سبحانه وتعالى** ويشمل اركان العبادات مثل الطهارة والصلاة والحج والجهاد والاذكار والاعياد...
- **حق العباد** وهو من ابواب العادات ويشمل نوعين:
  - المعاملة: مثل البيع والشركة والهبة والقرض والدين والقصاص وجميع ابواب الديات...
  - المعاقدة مثل النكاح والطلاق والعتق... ويطلق اسم الفقه على هذين الحقين، حق الله سبحانه وتعالى وحق العباد.
- **حق النفس** وهو علم الاخلاق والتي هي على نوعين اما ان تكون مذمومة يجب رفضها وتغيِيرها واما محمودة يجب تحصيلها وتحلية النفوس بها[3].

---

(1) الغزالي: ميزان العمل ص231.

(2) الغزالي: ذات المصدر ص37-38.

(3) الغزالي: الرسالة اللدنية ص64-72 وانظر مقاصد الفلاسفة ص134-135.

ب- العلوم العقلية : ولها ثلاث مراتب هي:

1- **المرتبة الاولى:** العلـم الرياضي والمنطقي،والرياضي يشـمل الحسـاب والهندسـة والافـلاك والنجوم وألاقاليم... اما المنطقي فيشمل الاشياء التي تدرك بالتصور والبرهان والقياس.

2- المرتبة الثانية وهي المرتبة الوسطى **وتشمل** العلم الطبيعـي بمـا فيـه مـن النظر في احـوال السموات والاشياء وفي النفوس واقسامها والامزجة والحواس وكيفية ادراكها لمحسوساتها مثل علم الابدان (الطب) والعلل والادوية الخ.. ومنه ايضا علم الاثار.. وعلـم المعـادن... ومعرفة خواص الاشياء وعلم صناعة الكيمياء..

3- المرتبة الثالثة: وهي المرتبة العليا وتشمل النظر في الوجود... وفي الصانع (الخالق سبحانه وتعالى) وذاته وجميع صفاته وافعاله واوامره وحكمه وقضائه... وغـير ذلـك مـن العلـوم الشرعية[1].

وهو يرى ان هناك من العلوم الشرعية ما لا يدرك الابالعلوم العقلية التي هي كالادوية للصحة بينما العلوم الشرعية هي كالغذاء. ولذلك فهو يقسم العلوم المكتسبة بواسطة العقل الى معارف دنيوية ومعارف آخروية، ولكن قل من يستطيع، في نظره، الجمع بين هذين القسمين ولذلك كمـا يقـول، ان المتمكنـين مـن امور الدنيا يكونوا (جهالا في امور الآخرة وبالعكس...) ولا يستطيع الجمع بينهما الا اصحاب النفوس العالية اما اصحاب النفوس الضعيفة فهي (اذا شُغلت بـامر انصرفت عـن غـيره ولـن تقـدر على الاستكمال منهـا جميعا)[2].

ج – العلوم اللسانية وهي تشمل علم اللغة والنحو والبيان الخ... وعلى رأس ذلـك وقبـل كـل شيء القراءة والكتابة.

---

[1] الغزالي: الرسالة اللدنية ص79-81.
[2] الغزالي: ميزان العمل ص 94- 95.

والعلوم عند الغزالي منها ما يكون مطلوبا لذاته ومنه ما هومطلوب لانه وسيلة لغيره، فالعلوم الطبيعية مثلا هي علوم اساسية لطالب الطب وتمثل هدفه من التعلم فتكون مطلوبة لذاتها بينما علوم اللغة... فهي وسيلته لتحقيق هدفه وبهذا تكون هذه العلوم هي الة او وسيلة لغيرها وهكذا جعل العلوم اللسانية (وسيلة لتحصيل العلوم) وبالتالي فهي من العلوم التي لا تطلب لذاتها بل لتكون وسيلة او (ذريعة للعلم المقصود) ولكنها مهمة فمن لا (يعلم اللغة فلا سبيل له الى تحصيل العلوم) ولذلك اكد على اهمية احكام اللغة وقال ان من يريد ان (يصعد سطحا عليه تمهيد المرقاة اولا، ثم بعد ذلك يصعد)[1]، واللغة هي وسيلة عظيمة ومرقاة كبيرة لا يستغني طالب العلم عنها، ولكنه يحذر ان (كل ما يطلب لغيره فلا ينبغي ان يُنسى فيه المطلوب ويستكثر منه)[2]. بشكل يطغي على المطلوب مما يعرقل تحقيق الهدف الذي يسعى المتعلم للوصول اليه ويشتت جهوده.

ثم يقسم الغزالي العلوم الرئيسية الى تقسيمات اخرى بحسب فائدتها او ضررها الى علوم نافعة وعلوم مضرة. العلوم النافعة هي علم الشريعة وقراءة القرآن ووسائل تحصيل الرزق... والعلوم المضرة هي مثل السحر والكهانة وما شابه ذلك. و العلوم المضرة لا ينبغي الاهتمام بها لانها مضيعة للوقت والجهد من دون فائدة[3]. والعلم واسع ولا يمكن لاحد ان يلم بكل ما فيه، ولهذا نصح بالتركيز على العلوم النافعة والاكثر اهمية فقال:

ما اكثر العلم وما اوسعه　　　من ذا الذي يقدر ان يجمعه

ان كنت لابد له طالبا　　　محاولا فالتمس انفعه[4]

([1]) الغزالي: كيمياء السعادة والرسالة اللدنية ص105 وانظر مفيدة محمد ابراهيم القيادة التربوية في الاسلام ص444.

([2]) الغزالي: العلم ص111.

([3]) الغزالي: الاقتصاد في الاعتقاد ص26 وسر العلمين وكشف ما في الدارين ص32-33.

([4]) الغزالي: مقامات العلماء ص45.

ويقسم العلوم ايضا من حيث وجوبها وفرضها على الانسان الى علوم هي فرض عين وعلوم فرض كفاية. علوم فرض عين هي العلوم الواجب تعلمها على كل مسلم وتشمل خمسة اقسام:

1- علم اصول الايمان بالله وملائكته وكتبه ورسله واليوم الآخر.

2- علم العبادات المتعلقة بالابدان والاموال والحلال والحرام في المعاملات

3- علم ما يتعلق بالحواس الخمسة كالسمع والبصر الخ... وكيفية صيانتها من الوقوع بما يحرمه الله سبحانه وتعالى.

4- علم الاخلاق المذمومة الواجب ازالتها كالحقد والحسد والغش والبخل..

5- علم الاخلاق المحمودة الواجب اكتسابها مثل الصبر والشكر والصدق والاخلاص وحسن المعاشرة...[1] ومعرفة ما تكتسب به الاخلاق المحمودة وما يُتجنب به الاخلاق المذمومة.

اما علوم فرض الكفاية وهي العلوم التي غير واجبة على الجميع وان قام بها البعض في المجتمع سقط الفرض عن الباقين، وتشمل كل علم يحتاجه المجتمع ولا يستغني عنه مثل الطب الضروري لصحة الابدان والحساب اللازم لاجراء المعاملات كقسمة المواريث مثلا...وغير ذلك من اعمال يحتاجها المجتمع وعدم وجود من يقوم بها يسبب له الضرر والارباك. وصنف العلوم كلها بحسب فائدتها للناس الى علم محمود مثل العلوم الشرعية كلها و مثل الطب والحساب وعلم مذموم مثل السحروالطلسمات.. وعلم مباح مثل الشعر والاخبار والتواريخ.

اما الفلسفة فهي، كما يرى الغزالي، ليست علما بحد ذاتها، بل هي اربعة اجزاء: الاول الهندسة والحساب وهما مقبولان والثاني المنطق والثالث الالهيات والرابع الطبيعيات ومن هذه العلوم ما هو محمود ومنها ما هو مذموم ومنها ما هو مباح.الا انه يرى علوم الفلسفة والمنطق هي للخاصة ولا يجب اشغال العامة بها،

---

(1) الغزالي: روضة الطالبين وعمدة السالكين ص109.

لان هذه الفئة قد (آمنت وصدقت رسوله واعتقدت الحق.. واشتغلت اما بعبادة واما بصناعة فهؤلاء ينبغي ان يتركوا وما هم عليه...)[1] من دون التشويش عليهم واستشهد ببيت شعر قاله الامام الشافعي رحمه الله جاء فيه:

فمن منح الجُهال علما اضاعه   ومن منع المستوجبين فقد ظلم

وكثيرا ما يُنتقد الغزالي لكونه جعل بعض العلوم للخاصة والجم العامة عنها، وما جاء اعلاه يوضح انه لم يلجم العامة عن علم الكلام وما يتعلق به من علوم فلسفية وعقلية صرفة، تكبرا على العامة وانما حماية لها من الوقوع فيما قد يشوه عليها عقيدتها وقد يوصلها الى الانسلاخ عن الدين برمته، هذا غير انه لا يريد اشغالها بعلم لا يفيدها لا بعباداتها ولا بعملها في كسب رزقها. اذ هو لاينظر الى العلم كهدف بحد ذاته وانما هو ينظر اليه كوسيلة موصلة الى ما يسعى الانسان اليه من مقاصد دينية ودنيوية لا يستطيع تحقيقها الا من خلال العلم والعمل بهذا العلم. فالعمل كما يراه (متمم للعلم وكالخادم له)[2]، فما فائدة العامة من علم لا يعملون به؟

العلم والعمل

والغزالي يربط بين العلم والعمل ولا يرى خيرا في علم لا يعمل به فعلاقة العلم بالعمل هي، بالنسبة له، علاقة وجود فلا معنى لوجود احدهما من دون الآخر، فان العمل من دون علم لايمكن ان يكون لان العلم (اصل العمل وان العمل لا يتصور الا بعلم بكيفية العمل)[3] فالعمل سواء اكان دينيا ام دنيويا لابد ان يقوم على اساس من العلم فمن يريد الصلاة فلابد ان يعلم كيف يصلي ومن يدفع الزكاة لابد ان يعلم اولا مقدارها ولمن يدفعها ومن يريد حراثة الارض وزراعتها لابد ان يعلم الكثير من الامور عن كيفية ذلك. وبالمقابل فان العلم لا فائدة منه وكأنه لم يكن اذا لم يعمل به

---

[1] الغزالي : الاقتصاد في الاعتقاد ص29.
[2] الغزالي: ميزان العمل ص14.
[3] ذات المصدر ص 328.

ولذلك نجد الغزالي ينكر القول ان العلم اشرف من العمل لانه يرى ان (العلم العملي لايراد لنفسه وانما للعمل وما يراد لغيره يستحيل ان يكون اشرف منه)[1] ولذلك فهو يعجب من (عامل غير عالم.. ومن عالم غير عامل) بما يعلم فالفقيه مثلا في نظر الغزالي (لواحكم علم الطاعة ولم يعمل بها، واحكم علم المعاصي ولم يتجنبها، ولم يزك نفسه منها واحكم علم الاخلاق المحمودة ولم يتصف بها فهو مغرور) وكأن علمه لم يكن، واستشهد بقول الله سبحانه وتعالى (قد افلح من زكاها) ولم يقل قد افلح من تعلم.[2] ولذلك قال الغزالي: (ان كنت صادقا وتريد ان تكون للجنة مالكا فعليك بالعلم والعمل.. ان العلم يهتف بالعمل فان اجاب والا ارتحل..) فالعلم الذي لا يُعمل به يذهب ويندرس، اذ هو اعتبر (العلم روح والعمل جسد، والعلم اصل والعمل فرع، والعلم والد والعمل مولود، والعلم كل والعمل جزء، والعلم متبوع والعمل تابع، والعلم حاكم والعمل محكوم)[3] فلا يمكن ان تكون هناك روح من غير جسد ولا جسد من غير روح.

ولم يقتصر اهتمام الغزالي بالعلم والعمل من اجل الدين والفرائض، كما يعتقد البعض، مثل الايمان والعبادات الخ.. بل هو اهتم بمعالجة جميع العلوم والاعمال الدينية والدنيوية وذلك لانه يرى ان علوم واعمال الدين والدنيا متداخلة ومتكاملة فلا (يستقيم جسم من غير رأس ولا سماء من غير شمس، ولا تحَسن ارض من غير عمارة وفلاحة وتجارة... وملك وسياسة وامارة ووزارة، فالامور منظومة بعضها ببعض..)[4] ولذلك قال: (ان مقاصد الخلق مجموعة في الدين والدنيا ولا نظام للدين الا بنظام الدنيا، فان الدنيا مزرعة الآخرة)، وهي الالة الموصلة الى الله عز وجل

([1]) الغزالي: ميزان العمل ص 36 طبعة 1979.

([2]) الغزالي : ثلاث رسائل في المعرفة لم تنشر من قبل ص331-332.

([3]) الغزالي : مقامات العلماء ص43-44.

([4]) الغزالي: سر العالمين وكشف ما في الدارين ص69.

لمن اتخذها آلة ومنزلا، لا لمن يتخذها مستقرا ووطنا، ولا ينتظم امر الدنيا إلا باعمال الآدميين، واعمالهم وحرفهم وصناعاتهم، كما يرى، تنحصر في ثلاث اقسام:

1- اصول لا قوام للعالم بدونها وهي اربعة: الزراعة للقوت، والحياكة للملبس، والبناء للمسكن، والسياسة للامن وللمعاملات وللتأليف (من الالفة) والاجتماع والتعاون على اسباب المعيشة وضبطها.

2- صناعات تخدم هذه الاصول كالحدادة التي تخدم الزراعة وكالحلاجة والغزل للحياكة الخ...

3- صناعات متممة لكل واحدة من الاصول ومزينة لها:كالطحن والخبز للزراعة والقصارة والخياطة للحياكة...

واعتبر اشرف اصول الصناعات المذكورة اعلاه هي السياسة وذلك لان من يتكفل بها مطلوب منه الكمال وهو يتعامل مع سائر الصناع. والسياسات تشمل سياسة الانبياء والخلفاء والعلماء والحكماء وسياسة الوعاض والفقهاء... ولكن اشرف هذه السياسات، بعد النبوة، هي (افادة العلم وتهذيب نفوس الناس)[1]، اي التعليم،هذا بالاضافة لسياسة اصحاب هذه الصناعات مع صناعاتهم ومع انفسهم ومع الآخرين.

والكمال لا يتحقق في نظره للعالم ولا للعامل الا من خلال العلم والعمل والاخلاص والخوف من الله سبحانه وتعالى ومن الوقوع في آفات تؤثر في عمله والاخلاص فيه اذ قال: انه يعجب من (عالم غير عامل... ومن عامل غير مخلص؛ اما يتأمل قوله تعالى (فَمَن كَانَ يَرْجُوا لِقَاءَ رَبِّهِ فَلْيَعْمَلْ عَمَلًا صَالِحًا وَلَا يُشْرِكْ بِعِبَادَةِ رَبِّهِ أَحَدًا)

([1]) الغزالي: ميزان العمل ص88 وكتاب العلم ص36-37.

الكهف: ١١٠ ومن مخلص غير خائف)[1] من آفات تؤثر في عمله. ونقل عن الرسول صلى الله عليه وسلم قوله قوله (خير الكسب كسب العامل اذا نصح)[2].

ورغم ان العلم في نظره (نور يستضاء به) الا انه دعا الى وجوب طلبه بالقدر اللازم للعمل ايا كان هذا العمل سواء اكان عملا من اعمال العبادة ام من اعمال المعاملات والمجاملات والكسب. وبمقارنة العلم بالعبادة فهو اعتبر العلم مقدما على العبادة وذلك حتى تصح العبادة وتسلم. فعلى الفرد ان يعلم مثلا ما يلزم من الواجبات الشرعية ويعلم الاوامر والنواهي ليطبقها[3]. ورغم تأكيده على العبادات جميعا ومنها العبادات البدنية الا انه اعتبر اداء الانسان لواجبات وظيفته في خدمة اهله ومجتمعه مقدما على العبادات البدنية اذ قال: (ان كنت معلما او متعلما او واليا فالاشتغال بذلك اولى... من العبادات البدنية... وان كنت معيلا محترفا فالقيام بحق العيال بكسب الحلال افضل من العبادات البدنية)[4].

ويرى الغزالي ان سعادة الانسان لا تتم ولا تتحقق الا من خلال العلم والعمل اذ (ان العلم والعمل هما وسيلتا السعادة...) الدنيوية والأخروية. وبما ان السعادة الدنيوية هي مطلب جميع الناس فحتى هؤلاء الذين ينكرون السعادة الآخروية (لم ينكروا السعادة الدنيوية) والتي تتحقق من خلال (العزة والكرامة والمكانة والقدرة والسلامة من الغموم والهموم ودوام الراحة والسرور) وهذه كلها لا يفوز بها الانسان الا من خلال العلم والعمل، وحتى الحرية لا ينالها الفرد الا من خلال العلم والعمل القادر على (رياضة الشهوات النفسانية) وجعلها في إمرة العقل (فإن من قهر شهواته فهو الحر... بل هو الملك...) لان الغزالي يرى ان ليس هناك انسان يستطيع ان

([1]) الغزالي: منهاج العابدين ص276-277.

([2]) الغزالي - مختصر احياء علوم الدين ص185-186.

([3]) الغزالي: روضة الطالبين وعمدة السالكين ص65-66.

([4]) الغزالي: احياء علوم الدين ج2 ص 76.

يستعبد انسانا آخر وانما الانسان اذا انقاد لشهواته وفشل في ضبطها وتوجيهها اصبح عبدا لهذه الشهوات والتي في النهاية تؤدي به الى جميع اشكال العبودية الاخرى. ولذلك اعتبر اهم الاعمال هي رياضة الشهوات التي في رياضتها وتهذيبها تتحقق سعادته في الدنيا والآخرة، وفي اهمالها يكون شقاؤه وتكون عبوديته،ولذلك انصبت كثير من اعماله على تهذيب النفس من خلال العلم والعمل، فكما ان العلم ضروري للعمل فان العلم والعمل ضروريان لتهذيب الاخلاق، بل ان الاخلاق الحسنة والمحمودة هي حصيلة تفاعل وتكامل العلم والعمل، فالعلم وحده لا يؤدي الى تهذيب النفس وحسن الخلق الا اذا اقترن بالعمل به. فما هو مفهوم الغزالي للاخلاق؟

الاخلاق

يعرف الغزالي الاخلاق على انها (هيأة للنفس، يصدرعنها الفعل بسهولة من غير رؤية ولا تكلف)[1]. ويرى ان الانسان، كما مر ذكره، يولد على الفطرة ولكنه يكون مستعدا لتقبل الفضائل والرذائل على حد السواء بالاكتساب من خلال التعليم والتهذيب. ومصدر الرذائل والفضائل والمتحكم بها هي القوى الثلاثة التي مر ذكرها: قوة التفكر (العقل) وقوة الغضب وقوة الشهوة، وبما ان هذه القوى جميعا قابلة للتغيير فيصبح من الممكن تغيير الاخلاق وذلك بتهذيب هذه القوى. الا ان بعض هذه القوى سريعة القبول للتغيير وبعضها بطيئة القبول، وذلك بحسب تقدمها في الوجود، فقوة الشهوة اقدم القوى في الانسان (واشدها تشبثا والتصاقا) به ولذلك تكون اصعب القوى تغييرا وبعدها تأتي قوة الغضب، اما قوة التفكر (فانها توجد آخرا) وبالتالي فهي اكثر القوى قابلية للتغيير[2].

وهذه القوى هي التي تؤثرفي تحديد حسن الخلق او سوء الخلق، فحسن خلق الانسان يحصل عندما يستطيع الانسان احداث التوازن بين هذه القوى واعتدالها، اذ

([1]) الغزالي: كتاب الاربعين ص137.

([2]) الغزالي: ميزان العمل ص46.

جعل الغزالي للاخلاق ركنا رابعا هو الاعتدال الذي يجعل الامور وسطا بين الافراط والتفربط. فقوة الغضب لها اعتدال هو الشجاعة ولها افراط يعد من التكبر او العجب، وقوة الشهوة لها اعتدال يسمى العفة ولها افراط يتمثل بالحرص والشره. وللعلم دور كبير في احداث هذا الاعتدال، فقوة العقل واعتداله يحصل بالعلم والحكمة التي تمكنه من معرفة الحق من الباطل في الاعتقادات وفي الصدق والكذب في الاقوال والحسن والقبيح في الافعال. وقوة الغضب هي الدافعة للضرر وقد خلقت لذلك، وكمالها واعتدالها هو في ان تكون منقادة لحكمة العقل... اما قوة الشهوة فهي الجالبة للنفع وحسنها واعتدالها هو في اذعانها لحكمة العقل الذي يجعلها في الوسط المحمود بين الافراط والتفريط[1].

ورغم الدور الكبير الذي اعطاه الغزالي للعقل لتحقيق التوازن بين القوى اعلاه الا انه يرى ان العقل وحده ليس مقياسا للسلوك ولا يستطيع ان يقف على حسن الافعال وقبحها بعيدا عن الشرع، فالشرع هو الذي يقود العقل ويوجهه، والعقل يستطيع ان يستوعب هذه القيادة ويكشف الاسرار ويقود الحياة. فلواعتدلت قوة الغضب وكذلك قوة الشهوة وحكمتا العقل واطاعتا الشرع صار الخلق الذي يصدر عنهما حسنا والا صار الخلق سيئا، فمقياس الخير والشر والمحمود والمذموم من السلوك يتكون من الشرع والعقل معا، ولذلك يرى ان من عزل العقل بالكلية صار مقلدا والمكتفي بالعقل بعيدا عن انوار القرآن الكريم والسنةالنبوية الشريفة صار مغرورا. فالعقل والشرع كالاساس والبناء،لا فائدة من اس بدون بناء عليه ولن يثبت بناء مالم يكن هناك اس، فالمحمود من الاعمال هو ما وافق الشرع والعقل والمذموم ما خالفهما[2].

---

(1) الغزالي: روضة الطالبين وعمدة السالكين ص104-106.

(2) الغزالي: كتاب آداب الصحبة ص39- 40 وميزان العمل ص265.

فمذهب الغزالي في الاخلاق يتمحور حول الشريعة والعقل و لم يقبل (بامكان، او وجوب، اقامة الوعي الاخلاقي المستقل عن الوعي الديني)[1]. ولذلك كرس معظم اعماله على هذين الجانبين الشريعة الاسلامية والعقل، وبناء الانسان الذي يكون سلوكه موافقا لكل من الشرع والعقل.فالشرع والعقل هما اساس البناء الاخلاقي للانسان. وبما ان العقل يحتاج الى الوقود الذي ينميه ويزيده اشتعالا وهو العلم فإذا العلم هو الآخر متطلب اساسي في هذا البناء الاخلاقي. وبما ان لا فائدة من العلم من دون العمل به، كما مر ذكره، وان (العلم بلا عمل جنون، والعمل بغير علم لا يكون)[2]. فيصبح العمل ركنا اومتطلبا آخر لابد منه للبناء الاخلاقي للانسان، ولذلك حاز كل من العلم والعمل على اهتمام الغزالي بالاضافة للشرع والعقل كمنظومة عمل موثرة في المحمود والمذموم (الفضائل والرذائل) في السلوك الانساني.

والفضيلة هي الوسط المحمود بين الرذيلتين، والفضائل كثيرة، كما يؤكد الغزالي الا انها يجمعها اربعة فضائل: الحكمة والشجاعة والعفة والعدالة، فالحكمة هي فضيلة القوة العقلية وهي الوسط بين رذيلتي الخبث والبله، والشجاعة: هي فضيلة القوة الغضبية، وهي وسط بين رذيلتي التهور والجبن؛ والعفة هي فضيلة القوة الشهوانية وهي وسط بين رذيلتي الشره والخمود؛ والعدالة هي عكس الجور وهي وسط بين الغبن والتغابن[3]. اما اصل الفضائل كما حددها الغزالي فهي عشرة: التوبة، والخوف، والزهد، والصبر، والشكر، والاخلاص، والصدق، والتوكل، والمحبة (حب الله عز وجل ورسوله والمؤمنين) والرضى بالقدر[4].

---

(1) علي زيعور: الحكمة العملية والاخلاق والسياسة التعاملية ص78.

(2) الغزالي : ايها الولد ص11-19.

(3) الغزالي: ميزان العمل ص264.

(4) الغزالي: كتاب الاربعين ص 190.

والفضائل التي من خلالها يحقق الانسان سعادته في الدنيا والآخرة هي ثلاثة: (الفضائل النفسية، كالعلم وحسن الخلق، والفضائل البدنية، كالصحة والسلامة، والفضائل الخارجة عن البدن، كالمال وسائر الاسباب). و الفضائل النفسية هي اعلى هذه الفضائل ثم البدنية ثم الخارجة عن البدن وهي اخسها، والمال من جملة الخارجات، وادناها الدراهم والدنانير، (فانهما خادمان ولا خادم لهما، ومرادان لغيرهما ولا يرادان لذاتهما)[1].

والفضائل تحصل للانسان بتزكية النفس، والطريق الى تزكية النفس هو اعتياد الافعال المحمودة (... وبالتكرار مع تقارب الزمان يحدث منها هيئة للنفس راسخة تقتضي تلك الافعال وتتقاضاها بحيث يصير ذلك بالعادة كالطبع فيخف عليه ما كان يستثقله من الخير)[2]، وهذا يعني ان الفضائل تحصل بتعلم بشري بشري وممارسة يحتاج فيها الانسان الى وقت وتدريب وارادة.

اما الرذائل، فهي الاخرى مسبباتها كثيرة وعلى رأسها فتن الدنيا وهي (كثيرة الشعب والاطراف واسعة الارجاء والاكناف) ولكنه يرى ان الاموال اعظم فتنها واطم محنها، واسواء ما فيها (انه لا غنى لاحد عنها، ثم اذا وجدت فلا سلامة منها، فان فُقد المال حصل منه الفقر الذي يكاد ان يكون كفرا، وان وجد حصل منه الطغيان الذي لا تكون عاقبة امره إلا حسرا)[3] فهو يرى ان للاموال فوائد وآفات، وفوائدها من المنجيات لانها تساعد على التصدق والحج واعمال الخير الاخرى والتي يتعسر على المؤمنين ادائها من دون الاموال، اما آفاتها فهي من المهلكات وهي كثيرة وعلى رأسها الفقر والحاجة التي فيها الكثير من الاذلال وفقد العزة والكرامة الخ... ولذلك فهو يرى ضرورة ان يعرف الفرد فوائد المال فيعظمها

---

(1) الغزالي: ذم البخل ص39-40.

(2) الغزالي: ميزان العمل ص47-51.

(3) الغزالي: ذم البخل ص 19- 21.

ومضار المال فيعالجها ويعرف حد الاعتدال في التعامل معها مـن دون اسراف ولا تقتير يصل حد البخـل. وحتى يكون المال نعمة، فلابـد للانسان ان يعـرف وجـه جمـع المـال المحمود والمـذموم واوجـه التصرف فيه،المذمومة والمحمودة، حتى لا يكون من مسببات الرذائل الرئيسية. ولذلك قال: مخاطبا المسلم لابـد (ان تعرف حكمة المال ومقصوده، وآفاته، وغوائله، حتى ينكشف لـك انه خـير مـن وجـه وشر مـن وجـه وانه محمود من حيث انه خير، ومذموم من حيث انه شر...)[1] ولكن الانسان بعقله وبصيرته يستطيع التمييز وادراك المحمود منه والمذموم. ولخص الغزالي مسببات الرذائل واصولها وحددها بعشرة اصول هـي:

1- شره الطعام الذي يجب على الانسان تجنبه، لان مـنه تتشعب شهوة الجنس واذا غلبت شهوة المأكول والمنكوح، يتشعب منها شره المال الذي بـه يتوصل الانسان الى قضـاء الشهوتين، ومـن هنا (تزدحم الآفات كلها. كالكبر والرياء والحسد والحقد والعداوة وغيرها، ومنبع جميع ذلك البطن)[2].

2- شره الكلام فيدعو للتحكم في اللسان لان فيه آفات كثيرة ولكن اهمها: الكـذب ,الغيبة، المـراء، المجادلة، المزاح، والمدح.

3- الغضب، وعدم وضعه في الوسط المحمود قد ينتج عنه الكثير مـن اخـلاق السـوء التـي تجلب المهالك كالحقد والعداء... فهو (نار الله الموقدة التي تطلع على الافئدة) وتهذيبـه يكـون في جعله ينقاد للعقل والشرع؛ فيهيج باشارة العقل والشرع، ويسكن باشارتهما ولا يخالفهما...

4- الحسد، لان الحسد يأكل الحسنات كما تأكل النار الحطب، وهو مـن الامـراض العظيمـة التي يحتاج مداواتها (بمعجون العلم والعمل).

---

[1] الغزالي: ذم البخل ص 19- 38.
[2] الغزالي: كتاب الاربعين ص 78.

5- البخل وحب المال والذي افرد له الغزالي كتاب ذم البخل، فالمال (كالدواء النافع) ان كان بقدر مخصوص ولكن (الافراط فيه قاتل والقرب من الافراط ممرض) ولذلك يحذر الغزالي من الافراط في حب المال والرفاهية.

6- الرعونة وحب الجاه، فهو (ملك القلوب حتى تطلق اللسان بالثناء عليه، وكما ان معنى المال ملك الدراهم ليتوصل بها الى الاغراض كذلك معنى الجاه ملك القلوب للتوصل به الى المال وغيره).

7- حب الدنيا وشهواتها وهو رأس كل خطيئة.

8- الكبر: وهو ان يرى الانسان نفسه فوق غيره في الكمال.

9- العجب واستعظام الذات وخصالها التي هي نعم من اللـه عز وجل مع نسيان اضافتها الى المنعم. والعجب جهل وعلاجه العلم فمن اعجب بمال او جمال او قوة فعليه ان يعجب بمن اعطاه كل ذلك.

10- الرياء الذي (هو الداء العضال الذي يدعو الى اكبر الكبائر. ومنه طلب المنزلة في قلوب الناس بالعبادات واعمال الخير رياء.) مثل (الرياء بالبدن كاظهار النحول والصفار ليظن الناس به السهر والصيام.. او الرياء في الثياب كلبس الثوب الخشن وتقصيره الى قريب من الساق...)[1] ليظن الناس به الزهد.

ومن هذه العشرة تتفرع كثير من الرذائل والاخلاق السيئة مثل الانفة والبغضاء والطمع وحب المال والشهرة والمباهاة والاشر والبطر وتعظيم الاغنياء والمتنفذين والنفاق والجبن والكسل والبلادة والغفلة والخداع الخ... ولكن على رأس كل ذلك ذل النفس..اذ يرى الغزالي ان اللـه سبحانه وتعالى قد كَرم الانسان ولا يحق لهذا الانسان ان يذل النفس التي كرمها اللـه عز وجل. فالنفاق والرياء والكذب وغير ذلك

---

(1) الغزالي: كتاب الاربعين 81—175.

من انواع الخلق المذموم هو في النهاية اذلال لهذه النفس، ولكن على رأس ذلك كله ذل السؤال، سواء اكان سؤال مال او سؤال غيره من المنافع. فالسؤال كما يرى الغزالي، حرام لانه تتعلق بـه ثلاثـة امـور: الشـكوى، واذلال النفس وإذاء المسؤول،وكل هذه حرام. ولا يباح السؤال في نظره الا عند الحاجة الملحـة كـأن يسـأل الجائع خوفا على نفسه من الموت او المرض، او يسأل العاري الذي ليس له ما يواريـه. ونقـل عـن الرسـول صلى اللـه عليه وسلم قوله (من سأل وله مـا يغنيـه، جـاءت مسـألته يـوم القيامـة خدوشـا او كـدوما في وجهه) وحتى ان احتاج الانسان فليسأل (اباه او قريبـه او صـديقه الـذي لا يـنقص بـذلك في عينـه)[1]. ولا يجوز للفقير ان يسأل الا مقدارما يحتاج اليه وفق المعايير التي جاءت اعلاه وينقل الغزالي عـن الامـام ابـن الجوزي قوله: (انه متى قدر الفقيرعلى دفع الزمان من غير سؤال لم يجز له ان يسأل) ولكن ان كان الفقـير يخاف التلف كأن يموت من الجوع، وجب عليه ان يسأل بل وينقل عن سفيان الثوري قوله: (من جاع فلم يسأل حتى مات دخل النار)[2]. ولذلك اكد الغزالي ان على الانسان ان اراد ان يعـيش حـرا فعليـه ان يلتـزم القناعة ولا يسأل فمن (احتجت اليه هُنت عليه) فكيف (تليق بالحر المريـد ان يتـذلل للعبيـد وهـو يجـد عند مولاه كلما يريد. لو يعلم الناس ما في المسألة ما سأل احد شيئا) وقال: (ما من رجل سأل رجـلا حاجـة فقضاها او لم يقضها الا غار ماء وجهه اربعين يوما)[3]. ونقل الغزالي، ايضا في هذا السـياق، عـن عمـرو بـن العاص قوله: (المرء حيث وضع نفسه.. ان اعز نفسـه عـلا امره، وان اذلهـا ذل وهـان قـدره) ولـذلك يـرى الغزالي انه (لا يرفع احد قدر احد حتى يكـون هـو الرافـع لقـدر نفسـه). ومـن اعـزاز المـرء لنفسـه (ان لا يختلط بالاراذل، ولايشرع في عمل ما لا يجوز لمثله ان يعمله

([1]) محمد حافظ صالح الشريدة اتحاف الاحياء بزبدة الاحياء ص246.

([2]) ذات المصدر ص 247.

([3]) الغزالي: روضة الطالبين وعمدة السالكين ص128.

ولا يقول ما يعاب به)[1]. وللاقران وللاصحاب كما يرى الغزالي، اثر عل تخلق الانسان سواء بالاخلاق الحسنة ام الاخلاق السيئة. فالاخلاق الحسنة تكتسب ممن يتصف بها ولذلك حدد خمس خصال لمن تُطلب صحبته وهي: (ان يكون عاقلا حسن الخلق، غير فاسق ولا مبتدع، ولا حريص على الدنيا)[2].

وبما ان المتحكم بالاخلاق المحمود منها والمذموم (الفضائل والرذائل) هي القوى الثلاثة: العقل (التفكر) والشهوة والغضب وان هذه القوى قابلة للتغيير، كما مر ذكره، فان في الامكان تهذيب الانسان من خلال تهذيب هذه القوى. فاذا هذبت قوة التفكرحصلت بها الحكمة التي يفرق بها الانسان بين الحق والباطل والصدق والكذب الخ.. وبتهذيب قوة الشهوة تحصل العفة التي تزجر النفس عن الفواحش والاهواء، وبتهذيب قوة الغضب يحصل الحلم وهو كضم الغيض وكف النفس عن الخوف والحرص المذمومين..وتهذيب هذة القوى لا يتم الا من خلال العلم والعمل مهتديا بالشرع ومن هنا جاء اهتمامه بالتعلم والتعليم ومفهومه للتربية او للتهذيب كما يسميها،وهو ما ستناقشه الصفحات التالية.

---

(1) الغزالي: التبر المسبوك في نصيحة الملوك ص93.

(2) الغزالي: ادآب الصحبة ص 213-214.

الفصل الثالث

التربية والتعلم والتعليم

لم يكن الغزالي يستخدم مصطلح التربية السائد اليوم وانما استخدم مصطلح التهذيب او التزكية للتاكيد على هدف تغيير السلوك للافضل وقال ان الله سبحانه وتعالى لم يخلق الانسان بخلق معين حسن او سيء وانما الانسان يولد على الفطرة ويتعلم الرذائل والفضائل من المحيط من حوله وممن قام على تربيته وكان قدوته. (فكل مولود يولد على الفطرة، وانما ابواه يهودانه او ينصرانه او يمجسانه..) من خلال التعلم، ولذلك حمَل الاسرة والمجتمع بكل تنظيماته مسؤلية تهذيب وتعليم الاخرين صغارا وكبارا.

وشرح فكره التهذيبي (التربوي) على اساس ان القوى الحيوانية تنقسم الى محركة و مدركة: والمحركة اما ان تكون باعثة على الفعل او ان تكون فاعلة. والباعثة اما ان تكون باعثة على جذب النفع او على دفع الضر، والباعثة على جذب النفع هي التي يُعبر عنها بالشهوة واما الباعثة على دفع الضر فهي التي يُعبر عنها بالغضب (القوى الغضبية). اما القوة المحركة الفاعلة فهي التي تشغل الاعصاب والعضلات والاربطة المتصلة بالاعضاء وهي التي يعبر عنها بالقدرة والباعثة على هذا العمل هي الارادة. فكل فعل اختياري يحتاج للقدرة والقدرة لا تُبعث من مكامنها ما لم يأتي اليها رسول الارادة، اما ارادة جذب النفع او ازالة الاذى... والارادة لا تنهض من مكامنها ما لم ياتي رسول العلم، فاذا اتى العلم انبعثت الارادة لتستنهض القدرة لتحريك الاعضاء. والحركات الاختيارية للانسان هي حركات فكرية وحركات قولية وحركات فعلية. وهذه الحركات الانسانية تحتاج الى حسن العناية والرعاية لتصل الى كمالها المطلوب، فان الحركة الفكربة يدخلها حق وباطل وعلى الانسان ان يختار الحق دون الباطل، والحركات القولية يدخلها الصدق والكذب ويجب على الانسان ان يختار الصدق دون الكذب. والحركات الفعلية يدخلها خير

وشر ويجب عليه ان يختار الخير دون الشر، وحتى تصفو الحركات الانسانية هذه من شائبة الباطل والكذب والشر تحتاج الى تأديب (تربية) ومن صفت اختياراته في حركاته الثلاث عن شائبة الباطل والكذب والشر من كل وجه فهو الذي يحق ان (يقول ادبني ربي فأحسن تأديبي وهو الذي يستحق ان يؤدب ويُهذب ويُزكى ويُطهر ويُعلم...)[1].

اما القوى المدركة فهي مقسمة قسمين: مدركة من الظاهر ومدركة من باطن. والمدركة من الظاهر تنقسم الى خمسة اقسام هي: الحواس الخمسة، حاسة اللمس، حاسة الشم، حاسة الذوق، حاسة البصر، وحاسة السمع. اما القوى المدركة من الباطن فهي المشاعر الباطنة كالتخيل والوهم الخ... وهي التي تدرك المحسوسات، اما ان تدرك الصورة واما ان تدرك المعنى. ومن هذه القوى القوة الخيالية، فإذا رأينا شيئا وغبنا او غاب عنا بقيت صورته فينا وكأننا نشاهدها و نراها. والقوة الوهمية وهي التي تدرك من الجزيئة المحسوسة معاني غير محسوسة مثلما تدرك الشاة ان هذا الذئب (محسوس) عدوها (والعداوة غير محسوسة) وكذلك الحال مع المحبة الخ...

ثم هناك القوة الحافظة التي تحفظ الصور او المعاني لاسترجاعها واستحضارها عند الحاجة بأدنى تأمل. وقوة التخيل التي تمكننا من ان ندرك صورة ما ثم نفصل ونركب ونزيد وننقص وندرك معنى فنلحقه بالصورة ومن خلال عملها يتعلم الانسان الصناعات المختلفة ويطورها ويبدع فيها[2].

وبما ان كل فعل اختياري يحتاج للقدرة، كما جاء اعلاه، والقدرة لا تبعث من مكامنها من دون الارادة، والارادة لا تنهض من مكانها وتعمل ما لم ياتيها رسول العلم الذي يبعث الارادة التي بدورها تسنهض القدرة لتحريك الاعضاء اللازمة للفعل المعين، فقد اهتم الغزالي بالعلم وتحصيله من خلال التعلم والتعليم بعتبارهما اساس

---

(1) الغزالي: معارج القدس في معرفة النفس ص37-39.

(2) الغزالي: معارج القدس في مدارج معرفة النفس ص41-47.

التهذيب بكل اشكاله، سواء اكان تهذيب النفس (التعلم الذاتي)ام تهذيب الاخر وهو نوعين تهذيب الكبار وتهذيب الصغار. فكيف نظر الغزالي للتعلم والتعليم؟

التعلم

يرى الغزالي ان الانسان (لم يولد عالما وانما العلم بالتعلم)[1] وان للانسان استعداد طبيعي وفطري للتعلم. فالعلوم في نظره ثابتة (مركوزة) في اصل النفوس بالقوة كالبذرة في الارض او الجوهرة في قعر البحر... والتعلم هو خروج ذلك الشيء من القوة الى الفعل. واذا ما كملت نفس المتعلم بالعلم وغلبت العقل على الغرائز والشهوات، تصبح البذرة التي في الارض (نفس المتعلم) كالشجرة المثمرة[2]. والتعلم يحدث بطريقتين:

1 - التعلم الرباني وهو تعلم الانبياء والاولياء بالوحي او بالالهام وهذا لا يهمنا هنا او

2- التعلم الانساني وهو تعلم الانسان من غير هؤلاء المذكورين اعلاه. والتعلم الانساني يحدث بطريقتين: الاولى من خلال التعلم المعروف سواء اكان من خلال التعلم الذاتي او من خلال التعليم بواسطة الاخرين (المعلمين). والثانية التعلم من خلال التفكر اذ هو يرى ان (بعض الناس يحصلون العلوم بالتعلم وبعضهم بالتفكر). اذ يحصل المتفكر على المعارف وتحصل له الثمرة وهو لا يشعر بكيفية حصولها والتعلم يحتاج الى التفكر في كل الاحوال[3] كما سياتي ذكره.

([1]) الغزالي: مختصر احياء علوم الدين ص63.

([2]) الغزالي: الرسالة اللدنية ص 93- 94.

([3]) الغزالي: التفكر في خلق الله ص39-40.

التعليم

كثيرا ما ينظر الناس الى مصطلحي التعلم والتعليم كمرادفين ولكن في الحقيقة ان هناك فرقا اساسيا بينهما. فالتعليم هو نشاط يقوم به الآخر الذي قد يكون الاب او الام او الجد او اي فرد من افراد الاسرة، وكذلك المعلم او رجل الدين او المفكر او الاعلامي الخ... بشكل مباشر ومخطط له او غير مباشر. بينما التعلم هو نشاط ذاتي يقوم به الفرد لنفسه وبشكل مخطط ومقصود او غير مقصود، وقد يستفيد من الفرص التي يوفرها التعليم فيتعلم من خلالها، ولكن التعليم ليس هو مصدره الوحيد للتعلم فهو قد يتعلم من تأمله لما حوله وتفكره به ومن خبرات الآخرين والاقتداء بهم او الاعتبار منهم، كما اكد الغزالي ومر ذكره.

ثم ان التعلم اختيار للفرد. فالتعليم كنشاط يمكن ان يحدث ولكن لا ينتج عنه تعلما الا بإرادة الفرد المتعلم وبدون هذه الارادة يصبح وكأنه لم يكن. ومن هنا نجد ان التعلم هو الاساس والتعليم هو الفرع، اذ هو جزء من عملية التعلم الاكبر والاكثر دواما. وبما ان الانسان يتعلم من تفاعله مع المجتمع بكل ما فيه وما يوفره من فرص وخبرات، وبصورة شعورية او غير شعورية، من خلال معايشة مواقف الحياة المختلفة، فان التعلم بهذا يكون عملية مستمرة مدى حياة الفرد التي لا تخلو مراحلها المختلفة من خبرات يمكن ان يتعلم منها الفرد معرفة او خبرة، والتعليم لا يمكن ان يكون كذلك. فالتعليم يتطلب وجود معلم ومتعلم ولذلك قال الغزالي: (لا يتم التعليم الا بمتعلم، فهو اذا الة في تحصيل هذا الكمال)[1]. اذ اعتبر رتبة التعليم كمالا، ولا يمكن للمعلم ان ينال شرف رتبة التعليم الا بوجود المتعلم. فهو يرى ان التعليم اشرف الاعمال جميعا، وعندما عدد الصناعات والسياسات التي يحتاجها المجتمع اعتبر اشرف هذه (بعد النبوة افادة العلم وتهذيب نفوس الناس)[2]، وذلك لان

[1] الغزالي: ادآب الصحبة ص176.
[2] الغزالي: ميزان العمل ص 88 طبعة 1979.

المعلم يتصرف (في قلوب البشر ونفوسهم) والبشر- هم اشرف الموجودات على الارض، (واشرف جزء من جوهر الانسان قلبه، والمعلم مشتغل بتكميله وتجليته وتطهيره...)[1] وتقريبه من اللـه عز وجل، وهذا عمل جليل للمعلم ايا كان، يستحق عليه التكريم وعلو المنزلة ولذلك قال: (ان اللـه وملائكته واهل السموات والارض... ليصلون على معلمي الناس الخير)[2]. لانهم (بالتعليم يخرجون الناس من حد البهيمية الى حد الانسانية)[3]، وليس هناك خير افضل من رفع الانسان من البهيمية الى الانسانية التي تعود في اصلها الى نفخة روح اللـه عز وجل.

فالتعليم في نظره (هو افادة العلم وتهذيب نفوس الناس عن الاخلاق المذمومة المهلكة وارشادهم الى الاخلاق المحمودة...)[4] التي تسعدهم في الدنيا والاخرة، ونقل عن الرسول صلى اللـه عليه وسلم انه قال: (كلمة من الخير يسمعها المؤمن فيعلمها ويعمل بها خير له من عبادة سنة) وقوله (من تعلم بابا من العلم ليعلم الناس اعطي ثواب سبعين صُديقا)[5].

ويحمل الغزالي الانسان، كفرد وكمجتمع، مسؤولية التهذيب (التربية) سواء اكان تهذيب الصغار ام تهذيب الكبار. و ذلك لان مفهوم التهذيب عنده يقوم، كما مر ذكره، على ان فطرة الانسان ليس لها لون معين قبل التربية ولكنها قابلة لتقبل ما يعرض عليها، سواء اكان خيرا ام شرا. اذ هو يكتسب اخلاقه من الاسرة والمجتمع المحيط به (فكل مولود يولد على الفطرة، وانما ابواه يهودانه او ينصرانه او يمجسانه...) من خلال الاعتياد والتعلم. وبما ان التعليم في نظره يبدأ من الولادة وحتى النضج فقد اكد على دور الوالدين في تربية الطفل وتعليمه لانه امانة عند

---

[1] الغزالي: العلم ص 38-39.
[2] محمد حافظ الشريدة: اتحاف الاحياء ص14.
[3] الغزالي: العلم ص33.
[4] الغزالي: احياء علوم الدين ج1 ص21.
[5] ذات المصدر ص24.

والديه (فان عُود الخير نشأ عليه وشاركه ابواه ومؤدبه في ثوابه، وان عُود الشر ـ نشأ عليه وكان الـوزر في عنق وليه..) الذي كان عليه (ان يصونه ويؤدبه ويهذبه، ويعلمه محاسن الاخلاق، ويحفظه من قرناء السوء الخ...)[1] ويبعده عن كل ما يؤدي الى افساده. وخص الام بـدور كبير في تربيـة الطفل، وبما انه يـرى ان التعليم يبدأ من ولادة الطفل، فدور الام ومسؤوليتها يبدأ ليس من دور الرضاعة فقـط، بـل يبـدأ مـن قبـل الولادة،اذ لابد للام، في نظره، ان تكون (امرأة صالحة متدينة تأكل الحلال...)[2] وترضعه الحـلال لان اللـبن الحاصل من الحرام لا بركة فيه، ثم بعد ذلك يأتي دورها في تعليمه وتعويده السلوك الحسـن الـذي سيؤثر على شخصيته لاحقا ويجلب له سعادة الدنيا والاخرة. واكد الغزالي على اهمية استقرار الاسرة ورغـم انه لم يدين تعدد الزوجات الا انه حذر من التعدد وما يمكن ان يجلبه من مشكلات فقال: (لا تـدعو الى امرأتين بل الجمع ربما ينغص المعيشة ويضطرب به امور المنزل...) ومـن اجـل الاسرة واستقرارها اكد كثيرا على واجبات الزوج في رعاية اولاده وزوجته واحتمال الاذى منهم وارشادهم الى طريق الدين، واوصاه بالاجتهـاد والعمل على الكسب الحلال من اجلهم، وطلب منه التعفف والنفقة على العيال والزوجة بما يرض الـلـه من دون اسراف او تقتير. واعطى الغزالي للمـرأة دور تـدبير المنـزل (والتكفـل بشغل الطبخ والفرش وتنظيف الاواني وتهيئة اسباب المعيشة) حتى تكون عونا للرجل على التفرغ للعلم والعمل وكسب الـرزق ورعاية الاسرة بما يرضى الـلـه سبحانه وتعالى، ويـرى ان الاختلال في هـذه الامور وتداخلها يـؤدي الى (شـواغل ومشوشات للقلب ومنغصات للعيش) ولذلك قيل ان (الزوجة الصالحة ليست من الدنيا

[1] محمد حافظ الشريدة: اتحاف الاحياء ص 121-122.

[2] ذات المصدر.

فانها تفرغك للآخرة)[1]. ونصح الغزالي الوالدين وبخاصة الاب بعدة نصائح من اجل تهذيب الولد منها:

1- ان يؤدبه ويهذبه ويعلمه محاسن الاخلاق ويحفظه من القرناء السوء.

2- ان لايعوده التنعم ولا يحبب اليه الزينة والرفاهية فيضيع عمره في طلبها اذا كبر.

3- ان يعلمه الاحتشام والحياء.

4- ان يؤدبه في شره الطعام ويعلمه ادابه كأن يأخذ الطعام بيمينه وان يقول عليه (بسم الله) وان لا يبادر الى الطعام قبل غيره وان لا يحدق النظر الى الطعام والى من يأكل الطعام وان لايسرع في الاكل وان يأكل مما امامه وان يجيد المضغ وان لا يلطخ يده وثوبه... ويقبح عنده كثرة الاكل ويعلمه القناعة بالطعام الخشن الخ...

5- ان يحبب اليه الثياب البسيطة والبيضاء دون الملونة والحرير وان يبعده عن الصبيان الـذين عُودوا التنعم ولبس الفاخر من الثياب.

6- ان يكرمه اذا ظهر منه خلق جميل وفعل محمود ويتغافل عنه ان خـالف في بعض الاحـوال ولكن معاتبته سرا ان عاد مرة اخرى على الفعل غير المرغوب فيه، وان عاقبه فليكن رقيقا ولا يوبخه حتى لا يتعود سماع التوبيخ.

7- ينبغي ان يمنعه من النوم نهارا لانه يورث الكسل ويمنع عنه الفرش الوثيـرة والناعمـة بـل يعـوده الخشونة في المفرش والملبس والمطعم.

8- ان يُمنع من كل ما يفعله خفية لان ما يخفيه هـو الامـر الـذي يعتقـد انه قبيح وغـير مقبـول وبالتالي يتعود الفعل القبيح.

9- ان يُعود الحركة والمشي والرياضة حتى لا يغلب عليه الكسل.

---

[1] الغزالي: احياء علوم الدين ج2 ص 29-30.

10 - ان يمنع من ان يفتخر على اقرانه بشيء مما يملكه والده وبشيء من مطعمه او ملبسه بل يُعوده التواضع والتلطف مع كل من يعاشره.

11- ان يُمنع من ان يأخذ من الصبيان شيئا... ويعلم ان الرفعة في العطاء لا الاخذ... وليعلم ان الطمع والاخذ مهانة ومذلة.

12- ان يقبح الى الصبيان حب الذهب والفضة والطمع فيهما.

13- ينبغي ان يُعود ان لا يبصق ولا يتمخط ولا يتثاءب في مجلسه وفي حضرة غيره ولا يستدبر ولا يضع رجلا على رجل.. ويعلم كيفية الجلوس.

14- ان يمنع من كثرة الكلام لان ذلك يدل على الوقاحة.

15- ان يُمنع حلف اليمين صادقا اكان ام كاذبا حتى لا يعتاد ذلك.

16- ان يُعود ان لا يبتدي بالكلام وان لا يتكلم الا جوابا وبقدر السؤال.

17- ان يعلمه حسن الاستماع مهما تكلم غيره ممن هو اكبر منه سنا

18- وان يقوم لمن فوقه ويوسع له المكان...

19- ان يُمنع من لغو الكلام وفحشه ومن اللعن والسب ومخالطة من يجري على لسانه شيء من ذلك.

20- ينبغي ان يكون شجاعا ولا يكثر الصراخ ولا يتشفع باحد اذا ضربه المعلم.

21- ينبغي ان يؤذن له بعد الانصراف من الكتاب ان يلعب لعبا جميلا يستريح اليه من تعب الدرس، لان منع الصبي من اللعب وارهاقه في التعلم دائما يميت قلبه ويبطل ذكاءه وينغص عليه العيش مما يجعله يتحايل في الخلاص من التعلم.

22- ينبغي ان يُعلم طاعة والديه ومعلمه ومؤدبه ومن هو اكبر منه سنا وان يجله ويحترمه.

23- ينبغي إن بلغ سن التمييز ان لا يُسامح في ترك الطهارة والصلاة ويؤمر بالصوم في بعض ايام رمضان.

24- ان يُخوف من السرقة واكل الحرام والخيانة والكذب والفحش...[1].

وفي ذات الوقت طلب من الاب معاملة الولد بالحب واللين وان يبره ونقل عن الرسول صلى الله عليه وسلم انه قال: (بر ولدك، كما ان لوالديك عليك حقا، كذلك لولدك عليك حق.) وقوله: (رحم الله والدا اعان ولده على بره) اي لم يحمله على العقوق بسوء معاملته وقوله ايضا (من حق الولد على الوالد ان يُحسن ادبه ويُحسن اسمه)[2].

ونقل الغزالي ايضا في هذا السياق عن لقمان لابنه انه قال:

(يا بني زاحم العلماء بركبتيك ولا تجادلهم فيمقتوك، وخذ من الدنيا بلاغك، وانفق فضول كسبك لآخرتك، ولا ترفض الدنيا كل الرفض فتكون عيالا على اعناق الرجال كلأ.. ولا تجالس السفيه ولا تخالط ذا الوجهين.. ولا تضحك من غير عجب ولا تمشي من غير أرب ولا تسأل عما لا يعنيك.. يا بني ان يرحم يُرحم ومن يصمت يسلم ومن يقل الخير يغنم ومن يقل الشر يأثم ومن لا يملك لسانه يندم)[3].

ثم بعد وصول الصبي دور التمييز يأتي دور الاب في الاهتمام باختيار معلم مناسب او مؤسسة تعليمية مناسبة مثل الكتاب او المدرسة الخ... على ان يتمتع المعلم بصفات معينة تؤهله لشغل هذا الموقع المهم والحساس.

صفات المربي (عالما ومعلما اومرشدا)

وضع الغزالي عدة شروط ومواصفات لمن يتصدى للعلم وتعليم الآخرين، سواء اكان عالما ام معلما ام مرشدا ام واعظا... وجعل على رأسها ان يكون عالما بدوره متمكنا من علمه وما يُعلم، وان لا يُعلم ما لا يجيد هو نفسه، ولا يأنف (من قول لا

---

(1) الغزالي: ايها الولد ص38-42 و احياء علوم الدين ج1 ص48 وج3 ص 72-75.

(2) الغزالي: مكاشفة القلوب المقرَبة من علام الغيوب ص419.

(3) الغزالي: التوبة ص 117.

ادري)⁽¹⁾ ان سُئل ما لا يعرف بل يعلم نفسه ما لا يعلم، والعلم وحده في نظر الغزالي قد يجعله معلما ولكنه لا يكفي لان يجعله مربيا، وذلك لان على المربي بالاضافة للعلم ان يتصف بصفات اخرى لا تقل اهمية وعلى رأسها (محاسن الاخلاق كالصبر والشكر والتوكل واليقين والسخاء والقناعة وطمأنينة النفس والحلم والتواضع.. والصدق والحياء والوفاء والوقار والسكون والتأني...)⁽²⁾ هذا بالاضافة الى ضرورة (الجلوس بالهيبة على سمت الوقار مع اطراق الرأس "تواضعا" وترك التكبر على جميع العباد.. والرفق بالمتعلم، والتأني بالمتعجرف، واصلاح البليد بحسن الارشاد، وترك الغضب عليه...وصرف الهمة الى السائل وتفهم سؤاله، وقبول الحجة، والانقياد للحق، والرجوع اليه عند الهفوة ومنع المتعلم عن كل ما يضره...)⁽³⁾.

واعتبر الغزالي الكبر آفة قل من يخلو منها، ولكن ان كان الكبر في الانسان بشكل عام هو نقيصة وصفة مذمومة ومضرة فانها للعالم والمعلم اكثر ضررا. والكبر كما يشرحه هو ان يرى الانسان (نفسه فوق غيره في صفات الكمال،فيحصل فيه نفخة وهزة من هذه الرذيلة والعقيدة) واستشهد على ذلك بقول نسبه للرسول الكريم صلى الله عليه وسلم قال فيه (اعوذ بك من نفخة الكبر)⁽⁴⁾. فقد يرى العالم نفسه فوق الناس بالعلم فيتكبر على غيره وقد يتكبر تارة اخرى بالدين (بان يرى نفسه عند الله عز وجل افضل من غيره، وتارة بالدنيا بان يرى حقه واجبا على الناس، ويتعجب منهم ان لم يتواضعوا له...) ومثل هذا العالم اوالمعلم في نظر الغزالي (لإن يسمى جاهلا

(¹) الغزالي الادب في الدين ص33-34.
(²) الغزالي: ايها الولد ص121-122.
(³) الغزالي: بداية الهداية، ادب المسلم في اليوم والليلة ص96.
(⁴) الغزالي: كتاب الاربعين ص 115.

اولى..) ولذلك فان على العالم (والمعلم) ان يقمع هذه الرذيلة بان يعرف نفسه وكيف خلق اذ ان (اوله نطفة مذرة وآخره جيفة قذرة...)[1].

فالغزالي يرى ان للعالم وللمعلم دورا كبيرا فيما يسود بين العوام من اخلاق، فهو قدوة لمن حوله ولمن يُعلم، فإن لم يتمتع المعلم بهذه الصفات وانحرف عنها فلم يكن حليما و(صادقا وصالحا الخ... فالمفاسد والاضرار تتضاعف)[2] من خلال من يقلده في هذه الصفات. فمثلا لو انه ترك (التجمل والميل الى الدنيا وقنع منها باليسير ومن الطعام بالقوت والكسوة بالخلق)، واقتدى به العلماء والعوام فسيكون له (مثل ثوابهم، وان مال الى التجمل مالت طباع من دونه الى التشبه به، ولا يقدرون على التجمل الا بخدمة السلاطين) والتقرب منهم والنفاق لهم من اجل (جمع الحطام الحرام) فسيكون هو السبب في جميع هذه المفاسد فيقع عليه وزر كبير على اساس من (سن سنة سيئة فعليه وزرها ووزر من عمل بها ولا ينقص من اوزارهم شيئا)[3].

كما اكد الغزالي على الانسان، بشكل عام وعلى المعلم بشكل خاص، ان يكون مخلصا في عمله ايا كان هذا العمل ومتقنا له، وان تكون اعماله كلها لله تعالى ولتأدية واجبه في افادة المستمعين له والمتعلمين وتعليمهم ما ينفعهم في دنياهم وآخرتهم وان يتذكر قول الرسول الكريم صلى الله عليه وسلم (خيركم من تعلم العلم وعلمه) وقوله (افضل الناس المؤمن العالم الذي اذا احتيج اليه نفع وان استغني عنه اغنى نفسه)[4]. وعرَف الاخلاص على انه (.. تصفية الاعمال من الكدورات...) ومن هذه الكدورات ان يسعى العالم (لاظهار نفسه بالعلم وطلب الشهرة وانتشار الصيت

([1]) ذات المصدر ص 116 - 117.

([2]) الغزالي: احياء علوم الدين ج1 ص 4.

([3]) الغزالي: التوبة ص 70.

([4]) الغزالي مكاشفة القلوب المقربة الى علام الغيوب ص 414.

اما بالتدريس او بالوعظ) وكذلك اتصافه (بالاعجاب والخيلاء والتزين والتصنع...) والغضب ان نوقش ورُد كلامه والحقد على من فعل ذلك وغير ذلك مما اعتبره (من المهلكات للعالم او المرشد تكدر اخلاصه بالعمل)[1].

واجبات المعلم المرشد

يرى الغزالي ان من (اشتغل بالتعليم فقد تقلد امرا عظيما وخطرا جسيما، فليحفظ آدابه ووظائفه)[2] ويقوم بما عليه من واجبات. وعرَف الغزالي الواجب بانه (هو الذي يلام تاركه على تركه شرعا)[3]، وحدد عدة وظائف (او واجبات) للمعلم وعلى رأسها:

1- ان يعامل المتعلم كما يعامل ابنه معتمدا قولا يُنسب للرسول صلى الله عليه وسلم يقول فيه (انما انا منكم مثل الوالد لولده) فيعامله بالحلم، وهو امر وضعه الغزالي في مقدمة ما هو مطلوب من المعلم (العالم) اذ قال: على العالم (لزوم الحلم، والعمل بالعلم، ودوام الوقار، ونبذ التكبر، وترك الدعابة والرفق بالمتعلم، والتأني بالمتعجرف، واصلاح المسألة للبليد، وترك الانفة من لا ادري)[4]. وعليه ان يعامل المتعلم باللين اقتداء بقول نسبه الى الرسول صلى الله عليه وسلم قال فيه:(... لينوا لمن تعلمون ولمن تُعلمون منه ولا تكونوا من جبابرة العلماء...)[5] لان الشفقة ان كانت مطلوبة من الجميع وعلى الجميع وهي (على خلق الله تعالى تعظيم لامر الله تعالى) فهي ضرورية لمن يتصدى

[1] الغزالي: منهاج العابدين ص214.
[2] الغزالي: احياء علوم الدين، كتاب العلم ص 136.
[3] الغزالي: المنتخل في الجدل ص 335.
[4] الغزالي: الادب في الدين ص33-34.
[5] الغزالي: الفقيه والمتفقه ص113.

للتعليم، سواء اكان معلما ام عالما ام واعظا ولـذلك خاطـب مـن يتصـدى للتعلـيم فقـال: يجـب (ان تعطيهم من نفسك ما يطلبون وان لا تحمَلهـم مـالا يطيقـون، وان لا تخـاطبهم بمـا لا يعلمـون... وان يسرك ما يسرهم وان يحزنك ما يحزنهم، وفكرك في تحصيل منفعتهم الدينية والدنيوية وكيفية دفع ما يضرهم في دينهم ودنياهم)[1].

2- ان يقتدي بالرسول الكريم صلى اللـه عليه وسلم فلا يطلب على افـادة العلـم اجـرا وجـزاء كـأن يهدف من التعليم الحصول على المال والجاه او المديح او المكانة بل يجب ان يكون هدفه تعلـيم المتعلمين وافادتهم.

3- ان لا يدخر شيئا من نصح المتعلم وزجره عن الاخلاق الرديَة، على ان يكـون ذلـك بـاللطف واللـين بعيدا عن العنف والترفع والاذلال، وان يكون ذلـك بـالتعريض والتصرـيح اذا لـزم الامـر، عـلى ان يكون هو قد بدا (بنفسه فهذبها وترك ما ينهي عنه)[2].

4- ان ينهي عما يجب النهـي عنـه بـالتعريض لا بالتصرـيح لان التعـريض يـؤثر في المنهـي عنـه بيـنما التصريح يغري بالمنهي عنه، هذا غير ان التعريض (لا يهتك حجـاب الهيبـة والتصرـيح او التـوبيخ يرفعه بالكلية فيستفيد المنهي جرأة على المخالفة)[3].

5- ينبغي على المعلم ان لا (يقبح في نفس المتعلم العلوم الاخرى مثل تقبيح بعض من معلمـي اللغـة لعلم الفقه او تقبيح بعض الفقهاء للعلوم العقلية والزجر عنها)[4].

([1]) الغزالي: روضة الطالبين وعمدة السالكين ص128-129.

([2]) الغزالي: ميزان العمل ص109 وكتاب الاربعين ص 68.

([3]) الغزالي: ميزان العمل ص110.

([4]) الغزالي: معارج القدس ص96.

6- ان يعرف المعلم ان كل انسان له بالفطرة استعداد للتعلم وبالتالي (هو بالفطرة صالح لمعرفة الحقائق...) ولكن هناك تفاوت كبير بين المتعلمين من حيث قدراتهم واهدافهم وعليه ان يراعي هذه الاختلافات ويعاملهم (على قدر افهامهم.. وقدر الاستعداد...) الذي يلحظه عندهم فيتدرج في تعلمهم من الابسط الى البسيط وهكذا حتى يصل بهم الى الدقيق والخفي مستشهدا بالقول: (فمن منح الجهال علما اضاعه ومن منعه المستوجبين فقد ظلم)[1]. ولذلك وجب على المعلم (ان تكون عنايته مصروفة الى تفرس الصفات الخفية) للمتعلم وتحديد سنه وقدراته واهدافه وحاجاته ليعمل معه على اساس ذلك فهو يشبه عمل العالم او المعلم بعمل الطبيب الحاذق الذي لا يصف الدواء الا بعد ان يقف على الداء فلكل داء سبب ودواءه هو معالجة السبب وابطاله[2]، فالسن في نظرالغزالي له اثره في التعلم فلا يصح مخاطبة (العقلاء بكلام يصلح للصبيان والعوام) فالناس كما يرى يتفاوتون بكل شيء فمنهم (الذكي والاذكى، والبليد والغبي، والقاصر والبالغ، والناقص والكامل، فضلا عن تباينهم في العادات والصناعات فمنهم المشغول طول يومه بشغل معاشه، ومنهم المتجرد للعلم... ومنهم من هو بين هذا وذاك..) ولكل من هؤلاء طريقة في التعلم مختلفة على المعلم او المرشد ان يراعيها[3].

(1) الغزالي: ميزان العمل ص 112.

(2) الغزالي: التوبة ص105-116.

(3) الغزالي _ فيصل التفرقة ص97 والقسطاس المستقيم ص85-86 و الجام العوام عن علم الكلام ج1 ص10.

7- ان يبداء المعلم باصلاح نفسه لانه قدوتهم وان (اعينهم اليه ناظرة، واذانهم اليه مصغية، فما استحسنه فهو عندهم الحسن وما استقبحه فهو عندهم القبيح...)[1].

8- وان يكون المعلم عاملا بما يُعلمه وبخاصة في مجال الشرعيات فلا تكذب اعماله اقواله[2]، وان يعمل بما يقول اولا وقبل ان يعظ به الاخرين فقد قيل (عظ نفسك فان اتعظت فعظ الناس...)[3] واذا لم يعمل العالم بعلمه زلت موعظته عن القلوب) واستشهد بقول الشاعر:

يا واعظ الناس قد اصبحت متهما   اذا عبت منهم امورا انت تأتيها
اصبحت تنصحهم بالوعظ مجتهدا   فالموبقات لعمري انت جانيها

وقولا آخر:

لا تنه عن خلق وتأتي مثله   عار عليك ان فعلت عظيم[4]

9- وعلى المعلم ان لا يهمل تحفيز المتعلم على تلقي العلم وبخاصة من يتعامل مع الصبية ليؤدبهم ويعلمهم،فمتى ظهر من الصبي خلق او فعل محمود وجب على المعلم ان يكرمه عليه ويجازيه بما يفرحه ويمدحه بين الناس وان خالف الخلق المحمود لا يكاشفه علنا وانما يُعاتبه سرا ولا يكثر عليه العتاب حتى لا يتعوده فيهون عليه سماع الملامة. فالغزالي اكد كثيرا على مسألة الثواب والعقاب وبخاصة للصبيان اذ قال: (لولا الوعد بالكرة والصولجان واللعب بالعصافير ما رغب الصبيان في المكتب)[5].

([1]) الغزالي: الادب في الدين ص92-93.
([2]) الغزالي: ميزان العمل ص107-113.
([3]) الغزالي: ايها الولد ص136-139.
([4]) الغزالي: احياء علوم الدين، كتاب العلم ص160.
([5]) الغزالي: العلم ص 137.

10- على المعلم ان لا يهجم على المتعلمين (بالرياضة في فن مخصوص حتى يعرف اخلاقهم وامراضهم)[1]، وحاجاتهم ودوافعهم، فالعلاج الواحد لا يصلح لكل المرضى، بل يعطي لكل متعلم العلاج الذي يناسبه وبالجرعة التي تناسبه، وعليه ان يعلم ايضا ان الخلق السيء يعالج بضده فكما ان الحرارة تعالج بالبرودة فان الجهل يُعالج بالعلم والكبر بالتواضع الخ...

11- ان يشغل المربي سواء اكان الاب ام المعلم،الطفل بما ينفعه لان الانسان لا يمكن ان يعيش في فراغ فاذا لم يشتغل بما يفيد من الاعمال الذهنية او العملية فقد يتجه الى الانحراف وعمل ما يضره ويضر مجتمعه.

وكما اكد الغزالي على واجبات كل من الاباء والمعلمين فانه لم يخلِ المتعلم من واجباته تجاه الاباء والمعلمين مستشهدا بالقول (اذا جمع المعلم ثلاثا تمت النعمة بها على المتعلم: الصبر والتواضع، وحسن الخلق، واذا جمع المتعلم ثلاثا تمت النعمة بها على المعلم: العقل والادب، وحسن الفهم)[2].

واجبات المتعلم

ومن هذه الواجبات فان عليه:

1 – ان يحترم الاب او المعلم ظاهرا وباطنا. واحترام الظاهر هو ان (لا يجادله ولا يشغله) بالمناكفة... (ويعمل ما يأمره... بقدر وسعه) اما احترام الباطن فهو ان (كل ما يسمع و يقبل منه بالظاهر لا ينكره في الباطن لا فعلا ولا قولا لئلا يتسم بالنفاق)[3].

---

(1) محمد حافظ الشريدة: اتحاف الاحياء ص 116-117.

(2) الغزالي العلم ص215.

(3) الغزالي: ايها الولد ص122-123.

2- على المتعلم ان يبدأ معلمه (بالسلام ويقبل بين يديه الكلام، ويقوم له.. اذا قام)[1].

3- وعلى المتعلم ان يكون مؤدبا بادب الدين لان اكمل الاخلاق واعلاها في نظر الغزالي واحسن الافعال وأبهاها هو (.. الادب الذي يرتفع به المسلم من غير نسب.. الادب في الدين، وما يقتدي به المؤمن من قول رب العالمين...) ومن الادب في نظر الغزالي ان (على المتكلم بين يدي العالم او الوالدين الا يجهر عليهم في القول، وان يلزم نفسه التعظيم لهم في الفعل)[2].

4- عليه تقليل انشغاله باشغال الدنيا قدر المستطاع.

5- عليه ان لا يتكبر على العلم واهله ولا يتأمر على المعلم بل يلقي اليه بزمام امره في تفصيل طريق التعلم.

6- ان يتواضع للمعلم ويحسن السمع والاصغاء وان يصبر عليه ان اخطأ[3].

7- ان لا يتكلم ما لم يسأله استاذه، ولا يسأل ما لم يستأذن ولا يسأل زميله في مجلسه.

8- ان لا يقول في معارضة قول المعلم: قال فلان بخلاف ما قلت، ولا يشير عليه بخلاف رأيه ليظهر نفسه انه اعلم بالصواب من استاذه.

9- ان لا يلتفت الى الجوانب، بل يجلس مطرقا ساكتا متأدبا كأنه في الصلاة[4].

[1] الغزالي الادب في الدين ص34.
[2] ذات المصدر ص2-7.
[3] الغزالي: ميزان العمل ص 95-99 طبعة 1979.
[4] الغزالي: بداية الهداية، ادب المسلم في اليوم والليلة ص96-97.

10- ان يتجنب التقليد، فالتقليد يكون مقبولا في اول اشتغال الانسان بطلب العلم بل احيانا يكون ضروريا ولكن بعد ذلك فهومرفوض للعالم وللمتعلم وذلك لان (من قلد اعمى فلا خير في متابعة العميان واتباعهم)[1] ولكن النهي عن التقليد لا يعني ترك كل ما هو منقول بل ان الغزالي يدعو الى المزاوجة بين المنقول والمعقول.

11- ان يستفيد من العلم في العمل به لان من حصَل العلم ولم يعمل به تكون الحجة عليه واستشهد بقول نسبه للرسول الكريم صلى الله عليه وسلم قال فيه: (ان اشد الناس عذابا يوم القيامة عالم لا ينفعه الله تعالى بعلمه) ونصح الغزالي المتعلم ان لا يكون (من الاعمال مفلسا ولا من الاحوال خاليا..) وليعلم ان العلم المجرد لا ينفعه (ولو قرأ رجل الف مسألة علمية... وتعلمها ولم يعمل بها لا تفيده الا بالعمل)[2]. ولكن عندما يعمل عليه ان يتحفظ (من عشرة اشياء: النفاق والرياء والتخليط والمنَ والاذى والندامة والعجب والحسرة والتهاون وخوف ملامة الناس)[3].

ان مسؤولية التعليم، في نظر الغزالي لا تقع على الاباء وعلى المعلمين فقط، بل هي مسؤولية المجتمع ككل، فبما ان الانسان يولد على الفطرة ونفسه كما خلقها ربها قابلة للتعلم، وبما ان الانسان يتعلم ليس فقط من خلال التعليم المنظم من قبل الوالدين والمعلم (المدرسة) وانما يتعلم ايضا من خلال الاعتبار والاقتداء بمن حوله وانه ايضا، يتعلم من خلال التفكر بما حوله مما خلق رب العالمين وبما يسود في مجتمعه من افكار وتحديات ومشكلات... فان المجتمع ككل مسؤول عن تربية الفرد وعن الكيفية التي سيكون عليها سلبا او ايجابا.وبحسب ما يوفره له من نماذج للسلوك

(1) الغزالي ـ ميزان العمل ص 35.

(2) الغزالي: ايها الولد ص88-90.

(3) الغزالي: روضة الطالبين وعمدة السالكين ص78.

(حسنة ام سيئة) يقتدي بها او تصلح لان تكون مثل عليا له، وما يوفره ايضا من تحديات تحتاج التفكر بها وابداع حلول لها. ولهذا حمَل الغزالي الاباء والمعلمين والعلماء الخ.. مسؤولية تهذيب انفسهم ليكونوا القدوة لغيرهم من الكبار والصغار كما مر ذكره فالانسان في نظر الغزالي، عليه مسؤولية كبيرة تجاه نفسه وتجاه الآخرين ممن هم حوله فقال ان الانسان لا يعيش وحده وانما يكون مع خواصه (من اهل وولد وقريب وجار، او يكون مع عموم الخلق) وعليه في كل هذه الاحوال... (حسن الصحبة، واداء الحقوق) ولنفسه عليه ايضا حقوق لابد له ان يؤديها وذلك بالتعلم وتحقيق التوازن والعدل بين قواه المختلفة، الشهوة والغضب والعقل او الحكمة، واقل درجات حسن الصحبة مع عموم الخلق هو كف الاذى عنهم وتحمل الاذى منهم بالاضافة الى العمل على نفعهم والاحسان اليهم[1]، وغير ذلك مما يتطلبه العيش والعمل مع الجماعة وهذا لا يمكن ان يحدث الا من خلال تهذيب النفس بالعلم والعمل ولهذا اكد الغزالي كثيرا على تهذيب النفس الذي هو بمصطلحات اليوم "التعلم الذاتي".

فالتعلم، في نظر الغزالي، امر طبيعي وذلك لان القوة الحيوانية في ذات الانسان تطلب الغذاء والشهوات الاخرى، اما النفس المطمئنة والتي يعني بها العقل فلا (يريد الا العلم ولا يرضى الا به...) والانسان (يتعلم طول عمره... ويتحلى به جميع ايامه...) الى وقت مفارقته الحياة ولو (قبل امرا آخر دون العلم فانما يُقبل عليه لمصلحة البدن...)[2] وليس لشيء آخر.

وبما ان قوة العقل في الانسان، كما يراها الغزالي، هي اشرف القوى وافضلها لان بها يتميز الانسان وتكمل انسانيته، وهي تحتاج للعلم لتتغذى وتكمل فان طلب العلم يصبح، ليس فقط ضرورة من ضرورات وجود الانسان على الارض، بل

([1]) الغزالي: كتاب الاربعين ص56-60.

([2]) الغزالي – الرسالة اللدنية ص50-51.

يصبح من اشرف الاعمال التي ينشعل بها الانسان ولذلك نقل عن الرسول الكريم قول: (ان الملائكة لتضع اجنحتها لطالب العلم رضى بما يطلبه...)[1] ولم يجعل الغزالي طلب العلم ترفا ولا نزهة بل جعله واجبا على كل انسان بقدر ما يستطيع وما يحتاج لتستقيم حياته في الدنيا والاخرة، وان كان الغزالي قد حمَل مسؤولية تعلم الصغار للاسرة والمجتمع ككل متمثلا بمن يتصدى لهذه المهمة من علماء ومعلمين الخ.. فانه حمَل الكبار مسؤولية تعلمهم وتهذيب انفسهم، واسهب كثيرا في اعماله على التأكيد على هذه المسؤولية و التي على كل فرد بالغ ان يقوم بها تجاه نفسه.

تهذيب النفس

يرى الغزالي ان الله سبحانه وتعالى خلق الانسان باحسن تقويم (وفوض تحسين الاخلاق الى اجتهاد العبد وتشميره، واستحثه على تهذيبها بتخويفه وتحذيره...)[2] ويشبه الغزالي النفس الانسانية بمرآة صدئة يمنع الصدأ صفاءها وانطباع الصورة فيها، فحتى تعيد للمرآة صفائها لابد قبل كل شيء من جلائها وصقلها وازالة الخبث عنها، ثم تحسين الصورة المطبوعة فيها. وكذلك النفس الانسانية فهي (مستعدة لان تصير مرآة يحاذي بها شطر الحق كل شيء فتنطبع به كأنها هو من وجه وان كانت غيره من وجه آخر كما في الصورة والمرآة...)[3] فان كانت المرآة صدئة لا تنطبع الصورة فيها كما يجب،ولجعلها مستعدة لقبول الصورة كما هي تحتاج الى (الجلاء والصقل) وازالة الخبث عنها. وهذا الاستعداد والقدرة على تزكية النفس وتهذيبها هو ما يتفرد به الانسان عن غيره من الحيوانات. فان جاهد في صقل نفسه ومنع عنها تراكم الخبث واتباع الشهوات سعد وحقق انسانيته والا حُرم السعادة (والتحق بافق البهائم). وهذا يعني ان تهذيب النفس في نظر الغزالي يبدأ بتطهيرها عن رديء

---

(1) محمد حافظ صالح الشريدة: اتحاف الاحياء ص14.

(2) الغزالي مختصر احياء علوم الدين ص 284.

(3) الغزالي: ميزان العمل ص 28.

الاخلاق، والتي تحرمه سعادة الدنيا والاخرة، وتحرم مجتمعه من الصلاح والامن والاستقرار ثم بعد ذلك يبدأ تهذيب الاخلاق باكتسب الاخلاق المحمودة، وهدا لا يتم الا بالعلم والعمل المهتديان بالشرع. وذلك لان (العلم والعمل بلا اقتداء الشرع ضلالة)[1]. فالانسان كما يقول الغزالي (ليس عقلا فقط، ولكنه عقل وشهوات، وقد تطغى الشهوات على العقل وتستبد به، والشهوات اذا استبدت بالناس، اوقعت باسهم بينهم، وهذا هو سر الحروب بين الناس... فكل انسان يظن ان عقله اصح العقول، ويحاول ان ينفذ ما يشير به عليه، ومن هنا ينشأ النزاع بين الافراد بعضهم مع بعض، وبين الامم بعضهم مع بعض) مما يجعل من الضروري (وجود قانون الهي يخضع له الناس عن رضى وتسليم)[2] ويوجه سلوكهم لما يحقق سعادة الجميع. وحتى يتعلم الانسان، عليه اولا وقبل كل شيء ان يعرف نفسه ويتصفحها ويحدد ما ينقصه ليكون مسلما مؤمنا وعضوا صالحا في مجتمعه لا يعمل الا العمل الصالح الذي امره به ربه فيكسب دنياه وآخرته ويسهم في تحقيق التماسك والامن والاستقرار لمجتمعه.

أ- معرفة النفس

يرى الغزالي ان تهذيب النفس يتطلب اولا معرفة (قواها وخواصها فكيف يشتغل بمخالطة زيد من لا يعرف زيدا) ثم ان (من جهل نفسه فهو بغيره اجهل)[3]. ومن لا يقدر على سياسة نفسه ووضعها على السراط المستقيم، لا يمكنه سياسة غيره والتعامل معهم بما يرضي الله سبحانه و تعالى. وقال ايضا ان (الله عز وجل ان اراد بعبد خيرا بصَره بعيوب نفسه، فمن كانت بصيرته نافذة، لم تخف عليه

([1]) الغزالي: ايها الولد ص107-108.

([2]) الغزالي: فيصل التفرقة ص 135- 136.

([3]) الغزالي: ميزان العمل ص 17 و ص8.

عيوبه، فاذا عرف العيوب امكنه العلاج...)[1] ويعطي الغزالي لمعرفة النفس دورا كبيرا في تعلم الفرد لانه يرى ان حتى العلم بالله يبدأ بمعرفة النفس لان اللـه سبحانه وتعالى (جمع في شخص الانسان، على صغر حجمه من العجائب ما يكاد... يوازي عجائب كل العالم حتى كأنه نسخة مختصرة من هيئة العالم ليتوصل الانسان بالتفكر فيها الى العلم بالله عز وجل...)[2] ولذلك قيل (اعرف نفسك تعرف ربك)[3]. ويضع الغزالي عدة طرق يمكن للانسان من خلالها معرفة عيوب نفسه ونواقصها وهي:

1- ان يجلس بين يدي شيخ بصير بعيوب النفس، يُعرفه عيوب نفسه وطرق علاجها.

2- ان يجد صديقا صدوقا بصيرا متدينا وينصبه رقيبا على نفسه لينبهه على المذموم من اخلاقه وافعاله.

3- ان يعرف عيوب نفسه من ألسنة اعدائه، فان عين السخط تبدي المساوىء.

4- ان يخالط الناس فكل ما يراه مذموما فيما بينهم يتجنبه ويعتبر به وما يراه حسنا يقتدي به[4]، لان العبرة والقدوة في نظر الغزالي من انجع طرق تعلم السلوك المحمود فان وجد المرء في سلوك الاخرين ما هو فضيلة محمودة وذات فائدة له ولمن حوله اقتدى بها وتعلمها وعمل بها والعكس صحيح، فان وجد ما هو مذموم او يعود بالشر عليه وعلى الاخرين اعتبر بذلك وتجنبه. ولذلك اوص الغزالي الانسان بتامل حياة الناس من حوله وتأمل حياة الانبياء والاولياء والصالحين والاقتداء بهم والسير سيرتهم، وكذلك اخذ العبرة من اراذل الناس والحمقى وضعاف النفوس والنفرة من احوالهم،

---

(1) الغزالي: اتحاف الاحياء ص118.

(2) الغزالي: ميزان العمل ص 18.

(3) ذات المصدر ص 7.

(4) محمد حافظ الشريدة: اتحاف الاحياء ص118و مكاشفة القلوب المقربة الى علام الغيوب ص375-377.

فالانسان الذي يريد علاج البخل، على سبيل المثال، عليه (كثرة التأمل في احوال البخلا، ونفرة الطبع عنهم...) مما يجعله يرفض البخل حتى لا يكون (مستثقل ومستقذر في قلوب الناس، مثل سائر البخلاء في قلبه)[1].

وعلى الفرد ان يعلم ان تهذيب النفس وكفها عن المذموم من الاخلاق ووضعها على الصراط المستقيم المحمود ليس بالامر السهل وانما يتطلب الكثير من الجهد والاجتهاد والكثير من الارادة والعزم ولذلك عليه ان وجد نفسه مترددا و(احس من نفسه ضعف العزم تصبر ...) وزاد من جده واجتهاده لان (القليل بالاجتهاد قد يجاوز حد المجتهدين بمزيد من ذكاء فطري)[2] سواء اكان هذا الاجتهاد موجها لتهذيب النفس ام لتحصيل العلوم الدينية والدنيوية مما يحتاجه الانسان لتستقيم حياته.

ب- تحديد الهدف

وبعد معرفة الانسان لنفسه وتحديد نواقصها لمعالجتها ومزاياها لتنميتها يبدأ العمل. واول ما يتطلبه العمل سواء اكان هذا العمل موجها لطلب العلم الديني ام الدنيوي هو تحديد هدفه من التعلم. وذلك لان للهدف دورا كبيرا في تحديد التوجهات نحو العمل واختيار الوسائل الموصلة اليه فمن (عرف فائدة الشيء، وغايته ومقصده، واستعمله لتلك الغاية، ملتفتا اليها، غير ناسي لها، فقد احسن وانتفع...)[3] فهو كثير ما يشبه العلم بالمال، كما مر ذكره، من حيث جمعه والهدف من ذلك الخ... اذ يرى ان من كان هدفه جمع المال على اساس انه وسيلة فقط لتحقيق حاجاته الضرورية احسن جمعه واستخدمه في الاوجه التي تعود عليه وعلى غيره بالخير من دون تقتير ولا اسراف، اما من كان هدفه هو تكديس المال فانه سيسلك جميع السبل المشروعة وغير المشروعة في جمعه وسيبخل به على نفسه وعلى من

(1) الغزالي: ذم البخل ص169.
(2) الغزالي: ميزان العمل ص29.
(3) الغزالي: ذم ابخل ص 40.

حوله. وكذلك حال من طلب العلم من اجل المباهاة به واستخدامه كوسيلة للحصول على المال والجاه وغير ذلك من حطام الدنيا فانه سوف لن ينتفع من علمه ولا ينفع به غيره ولذا قال:

(انك ان كنت تقصد بالعلم المنافسة والمباهاة، والتقدم على الاقران، واستمالة وجوه الناس اليك، وجمع حطام الدنيا، فانت ساع في هدم دينك واهلاك نفسك، وبيع آخرتك بدنياك، فصفقتك خاسرة، وتجارتك بائرة، ومعلمك معين على عصيانك، وشريك لك في خسرانك، وهو كبائع سيف لقاطع طريق...)[1].

وقال ايضا:

(ليكن طلب العلم طلب دراية لا طلب رواية، واعلم ان الخطر عظيم في طلب العلم، فمن طلبه ليصرف به وجوه الناس اليه، ويجالس به الامراء، ويباهي به النظراء، او يتصيد به الحطام فتجارته بائرة، وصفقته خاسرة... من طلب العلم ليفاخر به العلماء او ليماري به السفهاء او ليصرف به وجوه الناس اليه ادخله الله النار")[2].

ولكل ذلك ينصح الغزالي المتعلم ان (يكون قصده في كل ما يتعلمه في الحال كمال نفسه وفضيلتها... ولا يكون قصده الرئاسة والمال ومباهة السفهاء ومماراة العلماء...)[3] وذلك لان العلم (لا ينجلي للقلوب المدنسة بطلب الجاه والمال وحبهما)[4]. ونقل عن بعض الحكماء قولهم ان (من طلب العلم والرياسة فقد التوفيق والسياسة)[5]، وكما ان على طالب العلم ان لا يكون هدفه المال والرياسة فيجب ايضا ان لا يكون هدفه خوف المذمة وحب المدح لان (... اكثر الناس انما هلكوا

---

(1) الغزالي: بداية الهداية و ادب المسلم في اليوم والليلة ص19.

(2) الغزالي: منهاج العابدين ص78.

(3) الغزالي: ميزان العمل ص95-107.

(4) الغزالي: فيصل التفرقة... ص 128.

(5) الغزالي: مكاشفة القلوب المقربة إلى علام الغيوب ص415.

لخوف مذمة الناس وحب مدحهم، فصارت حركاتهم كلها على ما يوافق رضى الناس، رجاء المدح، وخوفا من الذم[1] ومع ذلك فان كان المدح للعلم فهو امر مفرح اما ان كان المدح للجاه والمال فهذا مدح غير مفرح وعلى طالب العلم ان يتجنبه. وعليه فانه ينصح المتعلم ان يكون هدفه من طلب العلم هو العمل بموجبه على تهذيب نفسه بالفضائل وتحقيق التوازن بين قواه الثلاثة، قوة الشهوة وقوة الغضب وقوة الفكر (العقل) ويجعل العقل هو الموجه للقوى الاخرى وبذلك يرتفع بانسانيته ويحقق الهدف من وجوده على الارض باعمارها ماديا بالعلوم والصناعات ومعنويا بالاهتداء بكل ذلك باوامر رب العالمين ونواهيه، فتتحقق سعادته في الدنيا والاخرة.

وهو يرى ان الناس في طلب العلم ثلاث اصناف:

1- رجل يطلب العلم لينال العز والجاه والمال وهذا من الخاسرين.

2- ورجل يطلب العلم ليتخذه وسيلة ليستعين به على حياته العاجلة فهو ايضا من الخاسرين ان لم يضيف اليه العمل بموجبه كما جاء اعلاه.

3- ورجل يطلب العلم ليتخذه زاده في المعاد، ولم يقصد به الا وجه الله والدار الاخرة، فهذا من الفائزين[2].

ج - اختيار العلوم الموصلة للهدف

ثم بعد ان يختار المتعلم هدفه من التعلم في ضوء ما سبق عليه ان يختار العلوم التي يريد تعلمها والتي توصله الى الهدف الذي يريد وعليه هنا ايضا ان يعلم ما يلي:

1- (ان بعض العلوم اشرف من بعض، وشرف العلم يدرك اما بشرف ثمرته "فائدته" او بوثاقة دلالته) اي بامكانية توثيقه والتدليل عليه.

---

[1] محمد حافظ الشريدة: اتحاف الاحياء ص 226-230.
[2] الغزالي: بداية الهداية ص 21.

2- (ان يحذر من الاصغاء الى اختلاف الناس) سواء اكان العلم الذي يريد الخوض فيه من علوم الدنيا ام علوم الاخرة.

3- ان لا يتكبر على اي علم من العلوم.

4- ان لا ينشغل بالفروع في العلوم النظرية قبل ان يتقن الاصول.

5- ان يعلم نسبة العلوم الى المقصد (من التعلم) ومدى فائدتها في تحقيق هدفه[1].

6- ان لا يدع فنا من فنون العلم ولا نوعا من انواعه الا وينظر فيه نظرا يطلع به على غايته ومقصده وطريقه ثم بعد ذلك ان ساعده العمر والظروف طلب التبحر فيه وذلك حتى لا يكون معاديا لاي من العلوم لجهله بها.

7- ان لا يخوض في فنون العلم دفعة،بل يراعي الترتيب فيبدأ بالاهم فالاهم ولا يخوض في فن حتى يستوفي الفن الذي قبله لان العلوم مرتبة ترتيبا ضروريا وبعضها طريق الى البعض الاخر.

8- والعمر اذا لم يتسع لجميع العلوم فعليه ان يكتفي بشمة من كل علم ويصرف الميسور من العمر الى العلم الاصل الذي هو غاية جميع العلوم وهي معرفة الله تعالى[2].

وعلى المتعلم وهو يضع اهدافه في التعلم ان لا يكون خياليا وان يكون واقعيا و يضع من الاهداف ما يمكنه تحقيقه كما ان عليه ان يعلم ان الاهداف يجب ان ترتقي وان يكون للانسان طموح لتحقيق اهداف اعلى كلما حقق ما هو ادنى. والطموح في نظره ليس متعلقا فقط في نيل العلوم الدينية التي بها تسمو انسانيته وانما دعوته تشمل لان يكون للانسان طموح في كل مجالات الحياة، وكلما حقق هدفا سواء اكان في المجال العلمي ام العملي عليه ان يرفع من مستوى طموحاته ويسعى لتحقيق

---

(1) الغزالي: العلم ص 150- 152.

(2) الغزالي: ميزان العمل ص 95 -107.

هدف اعلى. فعليه دوما ان يعمل على تحسين احواله ففي نظره ان الانسان ان عجز في ان يكون سلطان لا يجب ان يقنع بان يكون كناسا مقتديا بالقول:

دع المكارم لا ترحل لبغيتها   واقعد فانك انت الطاعم الكسي

واعتبر مثل هذا الانسان الكسول والفاقد للطموح هو (خسيس وقاصر النظر لو انه انعم الفكر وتأمل واعتبر، علم ان بين الكناس والسلطان منازل، فلا كل من يعجز عن الدرجات العلى ينبغي ان يقنع بالدركات السفلى) مهيبا بالعلماء وغيرهم ان يجتهدوا حتى يصلوا الى ارقى المراتب سواء في العلوم النظرية ام العلوم الدينية ام الاعمال المهنية الدنيوية، كما يتبين مما جاء اعلاه من ذكر السلطان والكناس وهي من الاعمال المدنية الدنيوية[1].

وتحقيق الاهداف والطموحات كما يرى الغزالي تحتاج الى الهمة (الارادة) فالانسان قد يحدد ما يشاء من الاهداف والطموحات ولكن من دون الهمة لتحقيقها ستبقى هذه الاهداف والطموحات اوهام وخيالات. فما هي الهمة في نظر الغزالي؟

د- الهمة

عرف الغزالي الهمة على انها (اجماع قلب المهتم وجمعه لنيل مقصد بالتوجه اليه دون غيره...) ويرى انها (فرع من فروع النفس على قدر وضع النفس وارتفاعها، ان همة كل احد على قدر نفسه في علوها وطهارتها) وعليه فهو يرى ان اصحاب الصنائع المتواضعة (كالكناف والزبال والدباغ... فهؤلاء هممهم...) متواضعة[2] فالاعمال والوظائف في نظره ليس لها انساب (معروفة بأب وام وانما هي بعلو الهمة...) فالملوك والعلماء هممهم عالية وكلما تباعدت عن هؤلاء نزولا الى الاعمال المختلفة الادنى من هذه تهبط الهمم. ويرى ان الاهداف من غير همة

[1] الغزالي: معيار العلم ص38.
[2] الغزالي: سر العالمين وكشف ما في الدارين ص139.

تصبح (غم عمن تعلق بها)[1] لان الاهداف لا يمكن ان تتحقق الا اذا كانت هناك همة تدفع الانسان لبذل الجهد المطلوب لتحقيق هذه الاهداف. فالهمة هي (اعز شيء وضعه الله في الانسان... تدفع على الجد والاجتهاد للوصول الى الغايات)، ولكن لابد ان تكون هذه المقاصد والغايات مما يمكن الوصول اليه وان يكون الانسان صاحب الهمة له من المؤهلات، بالاضافة للهمة ما يؤهله ويساعده للوصول الى مقاصده، ومن هذه المؤهلات المثابرة على العمل وبذل ما يتطلبه من جهد (فالحازم اللبيب والعارف المصيب اذا ابتدأ) العمل وانغمس فيه (لا يلتفت الى وعر المسالك ولا يبالي بما يظهر فيها من المهالك...)[2].

ولا يعطي الغزالي للمتعلم اي عذر لتواضع همته فيقول صحيح ان كل شيء مقدر من الخالق ولكن هذا لا يعني الاستكانة وعدم السعي لنيل المقاصد بهمة عالية، اذ يرى ان من الافضل للانسان الموت (تحت غبار طلب العز لا على مزابل الشهوات بالذل واستشهد بالبيت التالي:

اطلب العز من لظى وذر الذل   ولو كان في جنان الخلود[3]

وحذر الغزالي من ان اكثر ما يحبط الهمة هو طول الامل الذي (يمنع من حسن العمل ويصد عن الحق، والتسويف من اعظم منجزات الشيطان) وقال: (ان اراد الله بعبد سوء، سد عليه باب العمل وفتح عليه باب الكسل)[4]. وبعد معرفة النفس وتحديد الهدف الذي يريد تحقيقه من خلال التعلم وبعد شحذ الهمة يبدأ العمل.

([1]) الغزالي: سر العالمين... ص140.
([2]) الغزالي ـ الجام العوام ص 22.
([3]) الغزالي: سر العالمين... ص 140.
([4]) الغزالي: روضة الطالبين وعمدة السالكين ص8- 10.

هـ- بدء العمل

لقد وضع الغزالي عدة مراحل للعمل في التعلم وتهذيب النفس:

أ- المشارطة: بمعنى ان يشترط على نفسه ان يعمل ما قرر ان يعمل.

ب- المراقبة: وهي ان يراقب الانسان نفسه اثناء العمل وبعد العمل ليعلم اين اخطأ واين اصاب وهل اخلص العمل واتقنه، والمراقبة تتم بواسطة ما يسميه الوجدان (الضمير) الذي يُعرفه الغزالي على انه (صوت منبعث من اعماقنا، يأمر بالخير، وينهي عن الشر، ويحذر من المخالفة والعصيان...)[1].

ج- المحاسبة: وهي ان يحاسب الانسان نفسه آخر النهار على ما ادى وما لم يؤدي مما فرض اللـه سبحانه وتعالى عليه، وعلى ما انجز في سبيل تحقيق هدفه،وان كان قد ارتكب خطأ او فرط في امر، وذلك لان من حاسب نفسه ربح ومن غفل عنها خسر، وعن عمر بن الخطاب رضي اللـه عنه انه قال: (حاسبوا انفسكم قبل ان تحاسبوا وزنوها قبل ان توزنوا)[2].

د- المعاقبة: وهي معاقبة النفس ان رأى من خلال المحاسبة انه كان قد قصر- او ارتكب خطأ. ومعاقبة النفس تكون باجبارها على ان تعمل بجد واجتهاد اكبر مما سبق.

ه- المجاهدة: فبعد المحاسبة وتحديد الاخطاء والمعاصي عليه ان يجاهد لتدريب النفس على تصحيح الاخطاء وترك المعاصي، فان كان الكسل عن اداء العمل، على سبيل المثال، هو الداء يؤدب نفسه بتثقيل الاوراد عليها وتكثيف الاعمال ولكن عليه ان لا يبالغ في الاثقال على نفسه وانما يجب ان

---

[1] الغزالي: كتاب ادآب الصحبة ص35.

[2] الغزالي: ايها الولد ص95 والتوبة 117.

تكون المجاهدة للنفس بالتدريج ووفق امكانياتها التي تعرف عليها من خلال معرفة النفس التي مر ذكرها[1].

ويعطي الغزالي للمجاهدة دورا كبيرا في التعلم وتربية النفس، ولتأكيد اهمية المجاهدة روى عن الرسول الكريم صلى الله عليه وسلم قوله: ان الجهاد الاكبر هو (مجاهدة النفس) وقوله: (اعدى عدوك نفسك التي بين جنبيك...)[2] ومجاهدة النفس لكبح الشهوات وتحكيم العقل بدلا منها، ليس فقط يحتاج الى العمل الجاد في هذا سبيل وانما يحتاج الى العلم بكيفية ذلك، فلا يكفي بحسب رأيه مثلا (العلم بان العلة يلائمها المبردات ما لم يُعلم نوع المبرد وقدره ووقت استعماله... فلا بد من بيان النوع وبيان الكمية ثم الكيفية)[3] في الاشتغال به واستخدامه.

ونصح الغزالي الانسان بالرياضة (التدريب) و بالمجاهدة لتهذيب نفسه فقال: اعلم انك بالمجاهدة (تهذب نفسك... وبمتابعة الغفلة والشهوات تصير شيطانا رجيما، فجاهد النفس الامارة بالسوء تُمح صفات آفاتها حتى تصير لوامة ثم انقل اللوامة الى مقام المطمئنة...)[4] التي تُحَكم العقل وليس الشهوات والغرائز في سلوكها وهو الهدف النهائي لتهذيب النفس وتعويدها على الخير والصلاح سواء في امور الدين ام في امور الدنيا. ويؤكد الغزالي ان كل نفس هي مستعدة للتعلم واكتساب العلوم والفضائل بالرياضة وتمرين النفس على الخير على ان يتم ذلك بالانتقال من الخفيف الى الثقيل باللطف والتدريج الى ان يصل الى حالة يصير ما كان عنده من الاحوال والاعمال شاقا سهلا هينا،وبالصبر وبالمداومة على التمرين وتهذيب النفس (تصدر

([1]) محمد حافظ الشريدة: اتحاف الاحياء...ص282.

([2]) الغزالي: سر العالمين وكشف ما في الدارين ص116.

([3]) الغزالي ميزان العمل ص 17-18.

([4]) الغزالي: سر العالمين وكشف ما في الدارين ص120.

عنه الاعمال بسهولة بلا مانع ولا منازع)(1). ولذلك قال ان الرياضة والتهذيب تحتاج الى ثلاثة اركان هـي: العلم والعمل والصبر.

اليات التعلم

وسائل التعلم كما يرى الغزالي كثيرة منها:

1- الاستماع: وقد اكد الغزالي على الاستماع كوسيلة تعلم ولكنه اشترط ان يكون الاستماع للانتفاع بالمسموع فقال: ان (شرط الاستماع الاصغاء)(2) والانتفاع.

2- السؤال: وهو من اهم وسائل التعلم وقد امر اللـه سبحانه وتعالى به بقوله: (فاسألوا اهل الذكر ان كنتم لا تعلمون)(3). وعن الرسول صلى اللـه عليه وسلم نقل قوله: (العلم خزائن مفاتيحها السؤال، فاسألوا، فانه يؤجر فيه اربعة: السائل والعالم والمستمع والمحب لهم)(4). وللسؤال آدابه، منها ما يتعلق بالسائل ومنها ما يتعلق بالمسئول. فالسائل قد يكون واحد من اربعة:

أ - الاول من كان سؤاله واعتراضه من حسده وبغضه للمسئول وهذا لن ترضيه احسن الاجوبة بل تزيده غيضا وحسدا.

ب- الثاني هو الاحمق الذي لا يتفكر في السؤال ولا في الجواب.

ج-والثالث الذي يسأل عن قصور فهمه مما يجعله لا يدرك الحقائق.

وهؤلاء الثلاثة يجب اهمالهم في نظر الغزالي لانهم لن يستفيدوا من الجواب.

---

(1) الغزالي: روضة الطالبين وعمدة السالكين ص111.
(2) الغزالي: روضة الطالبين وعمدة السالكين ص108.
(3) الغزالي: بداية الهداية ص 39.
(4) الغزالي: العلم ص26.

د- اما الرابع فهو الذي يكون مسترشدا عاقلا فهما ولا يكون مغلوبا بالحسد والبغض وحب الشهوة والجاه والمال ولم يكن سؤاله واعتراضه عن حسد وتعنت وامتحان وهذا يجب اجابته[1].

اما آداب العالم او المعلم المسؤل، فعليه ان ينصت للسائل، ولا يتكلم حتى يُسأل (لان الابتداء قبل السؤال من شهوة الكلام) وهو تسرع لا يُقبل من العالم ويدل على قلة العلم وذلك لان الغزالي يرى (اذا كثر العلم قل الكلام واذا كثر الكلام قل العلم). وان سُئل عما يعلمه اجاب وان سئل عما يشك فيه قال لا ادري، فكلمة(لا ادري نصف العلم) وقد قيل ان (جنة العالم لا ادري فن اخطأها فقد اصيبت مقاتله). اما ان سئل عما لا يعرف فعليه احالة السائل على غيره ممن يعرفون الجواب (او الفتوى) ولا ينقص من اجره شيئا، لان (من سكت.. فليس باقل اجرا ممن نطق)[2].

3- القراءة والكتابة: اكد الغزالي على القراءة والكتابة كوسيلة تعلم وكدليل على فضلها قال ان الله سبحانه وتعالى قد اكد على القلم فقال: (ن والقلم وما يسطرون. "القلم: 1" فبالقلم "يمكن اعادة السالف والماضي..." فهو ادب المتعلمين وبضاعتهم، وبه يعرف رأي كل انسان... ومهما كان الرجل مجربا للزمان فانه ما لم ينظر في الكتب لا يكون كامل العقل...) وذلك لان عمر الانسان قصير مهما طال مما لا يُمكّنه من ان يحصل على كل العلوم التي يحتاجها في حياته من تجاربه وخبراته الخاصة فقط، ولذاك كان لابد ان يضيف اليها خبرات وتجارب غيره من خلال الكتب[3].

ولكنه حذر من قراءة الكتب التي يمتزج فيها الحق بالباطل والحسن بالسيء لان البعض يستحسن ما جاء فيها من حسن وهذا يستدرجه الى الباطل (السيء) و(لأجل

([1]) الغزالي: ايها الولد ص 131-135.

([2]) الغزالي: احياء علوم الدين، كتاب العلم ج1 ص 171 -176.

([3]) الغزالي: التبر المسبوك في نصيحة الملوك ص 49.

هذه الآفة يجب الزجر عن مطالعة) مثل هذه الكتب لما فيها من الضرر والخطر، و(يجب صون الخلق من مطالعة تلك الكتب كما يجب صون الصبيان ... "و" صون الاسماع عن مختلط تلك الكلمات)[1].

ووضع شروطا للكاتب الذي يستحق ان يقرأ له، وهي ان يكون مثقفا وملما بعلوم عصره ليستطيع ان يكتب ما يفيد الناس ويستحق القراءة. ووضع للكاتب في زمانه، عشرة اشياء عليه ان يلم بها لتكمل ثقافته، بمفهوم ذلك الزمان، وهي: (معرفة الماء وقربه تحت الارض، ومعرفة استخراج الافتاء، ومعرفة زيادة الليل والنهار ونقصانهما في الصيف والشتاء، وسير الشمس والقمر والنجوم، ومعرفة الاجتماع والاستقبال، والحساب بالاصابع، وحساب الهندسة، والتقويم واختيارات الايام، وما يصلح للمزارعين ومعرفة الطب والادوية، ومعرفة ريح الجنوب والشمال، وعلم الشعر والقوافي)[2].

4- الحفظ: اهتم الغزالي بالحفظ كوسيلة للتعلم فنصح المتعلم فقال: (اكثر من العلم لتعلم، واقلل منه لتحفظ)[3] وقال: ان (العلم ما وعته الصدور ولاما نقش في السطور...) لان ما نقش في السطور قد يتعرض للضياع وقد لايكون في متناول يده عندما يتفكر ويستحضر معرفتين للوصول الى معرفة ثالثة، ولذلك فهو قد اتخذ (الحفظ قاعدة له وطريقة جادة لازمها طوال حياته... وجعل الذاكرة هي المورد الذي يرده)[4]. وبخاصة بعد حادثة اللصوص الذين تعرضوا له في اول حياته وهو في طريق عودته الى طوس من جرجان التي ذهب اليها لتلقي العلم على ابي نصير

([1]) الغزالي: المنقد من الضلال ص65-66.

([2]) الغزالي: التبر المسبوك في نصيحة الملوك ص 89-90.

([3]) الغزالي: مقامات العلماء ص47.

([4]) الغزالي: الرسالة اللدنية ص11-12.

الاسماعيلي. اذ خرج عليه قطاع طرق وسلبوه ما معه ومنها محفظات كتبه التي كتب فيها ما ذهب لسماعه من العلوم والمعارف. وعندما طلبها منهم لكونها لا تنفعهم في شيء، ضحك اللص وقال له: (كيف تدعي انك عرفت علمها وقد اخذناها منك فتجردت من معرفتها وبقيت بلا علم)؟ وامر بعض اصحابه من اللصوص فاعادوها له مما جعل الغزالي يفكر في صحة ما قاله اللص وقال في نفسه: (هذا مستنطق انطقه الله ليرشدني به في امري...) فلما وصل طوس اقبل على حفظ هذه الكتب واشتغل فيها ثلاث سنوات حتى حفظ جميع ما فيها[1]. وهو يرى انه اذا كان الحفظ ضروري ومهم للجميع وفي كل العلوم الا انه للصبي اكثر اهمية وبخاصة في تعلم العقيدة اذ ان الحفظ (كالقاء بذرة في الصدور) ثم يأتي بعدها ما يتعلمه من الوسائل التعليمية الاخرى والتي تكون (كالسقي والتربية له حتى ينمو ذلك البذر ويقوى ويرتفع شجرة طيبة راسخة اصلها ثابت وفرعها في السماء)[2]. ولذلك فقد قيل: (اول العلم الصمت، ثم الاستماع، ثم الحفظ، ثم العمل، ثم نشره)[3]، اي نشر العلم وذلك بالتعليم.

5- المناظرة والجدل: لقد اهتم الغزالي في الجدل والمناظرة كوسيلة للتعلم والوصول الى الحقائق، وكلمة الجدل مأخوذة من (الفتل ومنه الجديلة لقطعة من الحبل) والتي تجعله ملتفا ومتينا. وكذلك في تحاور المجادلون يلتف المتناظرون (حتى كان كل واحد منه يلتف بصاحبه ويلف كلامه...)[4] بكلام الاخر. والجدل كما يراه الغزالي هو، نظام للمحاورة لاستنباط

([1]) الغزالي: الرسالة اللدنية ص 11-12.

([2]) الغزالي قواعد العقائد ص27-28.

([3]) الغزالي: العلم ص33.

([4]) الغزالي: المنتخل في الجدل ص 308.

الحقائق بل هو فن للحوار بين المتناظرين له اهدافه واسسه، فالهدف من الجدل او المناظرة هو (المعاونة على البحث المفيد) عن (الحق ليتضح، فان الحق مطلوب والتعاون على النظر في العلم وتوارد الخواطر مفيد ومؤثر)[1] واول ما تتطلبه المناظرة هو الاتفاق على معاني الالفاظ المستخدمة، والمعيار الذي يحتكمون اليه، ولذلك قال (وليكن للبرهان بينهم قانون متفق عليه يعترف كلهم به... فانهم اذا لم يتفقوا في الميزان لم يمكنهم رفع الخلاف بالوزن...)[2] ثم هناك كيفية طرح السؤال من قبل السائل الذي عليه ان ياتي كمسترشد ومستفهم (عن الامر المختفي المستبهم)[3]. فعليه ان (ينطق بعلم، وينصت بعلم، ولا يعجل بجواب، ولا يهجم الى السؤال... ولا ينطق لسانه فيما لا يعلمه، ولا يناظر فيما لا يفهمه) وذلك لان (لسانك عبدك ما لم تتكلم فاذا تكلمت به صرت عبده)[4]. فعلى المتناظر ان لا يتعدى باللسان في المناظرة بقصد (الاستخفاف) بالاخر واظهار عجزه.

ويؤكد الغزالي على اهمية المناظرة في تحصيل العلم وتطويره، ولكن على ان تكون المناظرة علمية تهدف لاظهار الحق ولا تهدف لاظهار عجز الاخر او تحقيق سبق عليه من دون حق، وحدد شروط المناظرة من خلال مناظرة حضرها بين استاذه الشيخ الجويني والامام ابو اسحاق ابراهيم الفيروزآبادي المعروف بالشيرازي، عند السلطان، ووجدهم لم يطلبوا من المناظرة سوى (اظهار الحق لا غلبة ولا صقل كلام ولا نقص في الخبر النبوي ولا تأويل باطل في متن آية ولا

---

[1] الغزالي: المنتخل في الجدل ص 515 والعلم ص 122.
[2] الغزالي: فيصل التفرقة بين الاسلام والزندقة ص72-73.
[3] الغزالي: المنتخل في الجدل ص354.
[4] الغزالي: الادب في الدين ص19.

مزاعقة ولا مخاصمة بل..) كان همهم الفائدة والمباحثة للوصول الى الحق.ومن الشروط التي وضعها للمناظرة:

* يجب على المناظر ان يلتزم بما يُصل الى المفيد في الجدل من غير استطراد وتشعب للكلام بعيدا عن الغرض مما يشوش الامر عليهما معا.
* لابد للسائل من ان يلتزم بترتيب الاسئلة بشكل يؤدي الى بناء الفكرة باتجاه الغرض من السؤال[1].
* ان لا يشتغل بالمناظرة وهي من فروض الكفاية قبل ان ينتهي من فروض الاعيان.
* ان يكون المناظر مجتهدا له رايه الخاص به.
* ان تكون المناظرة في الخلوة احب اليه واهم من المحافل وبين اظهر الاكابر والسلاطين.
* ان يكون المناظر طالبا للحق كناشد ضالة لا يفرق بين ان تظهر الضالة على يده او على يد رفيقه، ويرى رفيقه معينا لا خصما.
* ان لا يمنع المناظر الآخر من الانتقال من دليل الى دليل ومن إشكال الى إشكال.
* ان يناظر من يتوقع الاستفادة منه ممن هو مشتغل بالعلم، اي ندا له ولا يخاف مناظرة الفحول خوفا من ظهور الحق على السنتهم...[2].

فالمناظرة التي يقصد من ورائها (الغلبة والافحام، واظهار الفضل والشرف، والمباهات والممارات، واستمالة وجوه الناس، هي منبع الاخلاق المذمومة...)[3].

([1]) الغزالي: المنتخل في الجدل ص 515 وص354.
([2]) الغزالي: العلم ص122-127.
([3]) ذات المصدر ص 129.

ورغم اهمية المناظرة للتعلم ولكنها لا تخلو من افات كثيرة واثمها قد يكون اكبر مـن نفعها ومـن آفاتها انها قد (تثير الحسد والحقد والغيبة والتجسس وتتبع عـورات النـاس وتزكيـة النـفس والثنـاء عليها، والنفاق والاستكبار والرياء)[1]. والمناظرة قد تحصل بين اثنين او اكثر الا ان اهم مناظرة يمارسها الانسان هـي مناظرة النفس حتى تطاوعه وتجعله يسلك الصراط المستقيم. فهذه المناظرة كما يرى الغزالي اهـم لـه مـن مناظرة الآخرين ممن قد يختلفوا معه بشكل يجعلهم لايقبلون منه ولا هو يقبل (منهم الصواب، وان صار اظهر من الشمس)[2]. في الوقت الذي يترك فيه اعدى اعدائه بين جنبيه لا يناظرها.

6- البحث والتحليل والتركيب: وهو الذي يسميه الغزالي القيـاس. والقياس كـما يعرفـه هـو (تقديـر الفرع بحكم الاصل) او هو (رد فرع متنازع فيه الى اصل متفق عليه)[3] ولا تتحقق اركان القياس الا عند رد الفرع الى اصل مجمع عليه.

وبما ان الغزالي يتعامل مع الكلمة فهو يرى ان كل موضوع يراد مناقشته، ويذكر في قضية ما، فهو لفظ يدل على معنى مركب، ولابد للناظر في شيء مركب ان يحلل هـذا المركب الى مفردات، ويبتدي بالنظر في هذه المفردات (الاجزاء) وبعد ذلك ينظر في المركب ككل. وشبه ذلك بمن يريد بناء بيت، اذ عليه ان يهـتم بتهيئة (... المواد التي منها يتركب كالبن والطين والخشب، ثم يشتغل بالتصوير وكيفية التنفيـذ والتركيـب...) وكذلك حال من يريد ان يبدأ في القياس عليه بيان دلالة الالفاظ وبيان معانيها، وذلك لان (الناس يتفاوتون في فهم معاني الالفاظ على حسب تفاوت

[1] الغزالي ذات المصدر ص 129-136.
[2] الغزالي: كتاب الاربعين ص 230.
[3] الغزالي: المنتخل في الجدل ص390-391.

رتبهم... والسابق الى فهم الجماهير يصبح الحق بجانبه...)[1] ثم بعد ذلك عليه النظر في المعاني ذاتها، اخذا بنظر الاعتبار (ان الموجودات وحقائقها منقسمة الى محسوسة والى معلومة بالاستدلال). فالمحسوسة هي المدركة بالحواس الخمسة كالالوان المحسوسة بالبصر، وكالاصوات بالسمع، وكالطعم بالذوق، والروائح بالشم الخ... وهناك من المعلومات ما يُعلم بوجودها بالاستدلال عليها باثارها كالعلم والخوف والخجل الخ.. ولا يجب على الباحث ان يبالغ في اعتماد المحسوسات والمتخيلات وينكر دلالة العقل. وبعد (بيان المعاني ووجوه دلالة الالفاظ عليه ان يخوض في بيان القياس... لانه نظر في تركيب القضايا ليصير قياسا كما كان الاول نظرا في تركيب المعاني ليصير قضية...) مثل باني البيت الذي بعد ان يجمع الماء والطين (ليصير لبنا يجمع اللبنات فيركبها تركيبا ثانيا...)[2].

وهو لا يستثني الموروثات عن الاباء والاجداد من النظر فيها واخضاعها للدراسة والقياس كما جاء اعلاه ولذلك قال: ان حتى (الايمان التقليدي الموروث عن الاباء والاجداد لا قيمة له اذا لم يقترن "بالعلم اليقيني"... الذي ينكشف فيه المعلوم انكشافا لا يبقي معه ريب ولا يقارنه امكان الغلط والوهم...)[3].

وعلى الباحث وهو يعمل بالقياس، كما يرى الغزالي ان يراعي عدة امور منها:

- ان يغوص في المعاني ويتعمق في اسرارها الى اقصى درجة حتى يتوقى (من ازدراء المحققين وقدح الغواصين..) الاخرين الذين اذا لم يجدوه مطابقا للجدل (وحدود المنطق) استهانوا بعمله وكلامه.
- وكل بحث يحتاج الى امرين: الاطناب والايجاز، فالاطناب يفيد في الايضاح ويغني عن عناء طول التفكير والتامل ولكنه ممل ان زاد عن

(1) الغزالي: ميزان العمل ص 29 طبعة 1979.

(2) الغزالي: معيار العلم ص197.

(3) عمر فروخ: عبقرية العرب ص 38 عن المنقذ من الضلال ص5.

الحد، والايجاز يفيد في (جمع المقاصد وترصيفها وايصالها الى الافهام...) ولكن آفته (الحاجة الى شدة التصفح والتأمل لاستخراج المعاني الدقيقة من الالفاظ الوجيزة الرشيقة...) ولذلك فان على الباحث ان يوازن بين الطرفين، الاطناب والايجاز ويعطي لكل منهما حقه بدون الاخلال بالعمل.

— وعلى الباحث ان لايقلل ولا يكثر في الموضوع وان يركز على (المقصد الذي يبغيه والنحو الذي يرمه وينتحيه، فمن حسن اسلام المرء ترك ما لا يعنيه...)[1].

7- التفكر: ان الانسان لا يستطيع ان يتعلم جميع ما يحتاج من جزيئات وكليات الاشياء بالتعلم وحده، وفي فترة اعداده فقط،وانما ايضا يتعلم من خلال النظر في عادات الناس واحوالهم والتفكر فيما حوله، فحتى المهندس، في نظر الغزالي،لايتعلم جميع ما يحتاج اليه طوال عمره من خلال فترة اعداده بل يتعلم (كليات علمه وموضوعاته) انذاك... ثم بعد ذلك يستخرج من تلك العلوم علوما اخرى من خلال التفكر في علومه و ممارساته وكذلك الطبيب لا يقدر ان (يتعلم جزيئات ادواء الاشخاص وادويتهم بل يتفكر في معلوماته الكلية)[2] التي تعلمها خلال فترة اعداده ويستخرج منها ما يساعده لمعالجة كل شخص بحسب مرضه وما يحتاجه. وقد اهتم الغزالي بالطريقتين، التعلم والتفكر كما مر ذكره، والتفكر كما عرفه الغزالي هو (احضار معرفتين في القلب ليستثمر منهما معرفة ثالثة) ومثال على ذلك، ان لو واحد من الناس سمع الآخر يقول ان الآخرة اولى بالايثار من الاولى فصدقه وقلده، فهذا يسمى تقليدا، اما من يعرف ان الابقى اولى بالايثار (وهي معرفة رقم 1) ثم يعرف ان الآخرة ابقى (معرفة رقم 2) فيحصل من هاتين المعرفتين

(1) الغزالي: فضائح الباطنية ص 7-8.

(2) الغزالي: الرسالة اللدنية ص 93-94.

معرفة ثالثة وهي ان الاخرة اولى بالايثار لانها الابقى فهذا هو التفكر(فاحضار المعرفتين السابقتين في القلب للتوصل به الى المعرفة الثالثة يسمى تفكرا واعتبارا وتذكرا ونظرا وتأملا وتدبرا) وذلك لانه يرى(ان التدبر والتأمل والتفكر فعبارات مترادفة على معنى واحد ليس تحتها معان مختلفة)[1] اما التذكر والاعتبار والنظر فهي مختلفة المعاني، فالاعتبار: يقوم على احضار المعرفتين من حيث انه يعبر منهما الى معرفة ثالثة، واذا لم يحصل هذا العبور الى معرفة ثالثة فيطلق عليه اسم التذكر. والنظر والتفكر لابد ان يُطلب بهما معرفة ثالثة والا لا يُعد نظرا او تفكرا ولا يسمى صاحبهما (ناظرا ومتفكرا) فكل (متفكر هو متذكر، وليس كل متذكر متفكرا)[2] والتفكر كما يرى الغزالي، لا يقتصر على الامور الدينية فقط بل هو قد (يجري في امر يتعلق بالدين وقد يجري فيما يتعلق بغير الدين)[3]. والتفكر هو اساس العلم والعمل لان (مقدماته سماع وتيقظ وتذكر...) فمن سمع تيقظ وتذكر ومن تذكر تفكر ومن تفكر علم ومن علم عمل. وقد عرف الغزالي اليقظة بكونها (انتباه القلب للخير) وعرف التذكر على انه (تكرار المعارف في القلب لتثبت وترسخ)[4]. ومن يتفكر لابد ان يتعلم من تفكره شيئا ينفعه و(ما طالت فكرة امرىء قط الا فهم وعلم، وما علم الا عمل)[5]. وعليه فهو يوجز مراحل التفكر بما يلي:

* التذكر: وهو احضار معرفتين في القلب.

* التفكر: وهو طلب المعرفة المقصودة منهما.

([1]) الغزالي: التفكر في خلق الله ص 34-35.

([2]) الغزالي: التفكر في خلق الله ص 35.

([3]) الغزالي: ذات المصدر ص 45.

([4]) الغزالي: روضة الطالبين وعمدة السالكين ص108.

([5]) محمد حافظ صالح الشريدة: اتحاف الاحياء بزبدة الاحياء ص282.

* حصول المعرفة واستنارة القلب لها.

* تغيرحال القلب... بسبب حصول نور المعرفة.

* العمل بالمعرفة الحاصلة للفرد.

اما ثمرة التفكر فهي العلم بشكل خاص فبالعلم تتغير الاحوال والاعمال. ومن هنا جاءت اهمية التفكر الذي هو(مفتاح الخيرات كلها لانه... يهدي الى استثمار العلوم ونتائج المعارف...) بل هو (مفتاح الانوار ومبدأ الاستبصار، وهو شبكة العلوم ومصيدة المعارف والفهوم...)[1] ولذلك امر الله سبحانه وتعالى بالتفكر في كتابه العزيز في مواضع لا تحصى واثنى على المتفكرين. وكذلك فعل كثير من العلماء. فقد قيل: (تفكر ساعة خير من قيام ليلة... فالفكر مرآة تريك حسناتك وسيئاتك) وقد قيل ايضا: من لم يكن كلامه حكمة فهو لغو،ومن لم يكن سكوته فكرا فهو سهو،ومن لم يكن نظره اعتبارا فهو لهو.) وعن الشافعي انه قال: (استعينوا على الكلام بالصمت، وعلى الاستنباط بالفكر... والروية والفكر يكشفان عن الحزم والفطنة... ففكر قبل ان تعزم وتدبر قبل ان تهجم وشاور قبل ان تقدم)[2].

وهكذا جعل الغزالي هاتين الطريقتين في التعلم (التفكر والتعلم) لا تنفصلان عن بعضهما بعضا، بل ان احداهما تكمل الاخرى، فبما ان التفكر هو احضار معرفتين في العقل والوصول الى معرفة ثالثة، فلابد ان يكون هناك تعلما للمعرفتين قد حصل مسبقا ليستذكرهما العقل ويستخرج منهما المعرفة الثالثة وبهذا يكون التفكر مبنيا على تعلم مسبق. ومن جهة اخرى فان التفكر يغني التعلم ويكمله،كما مر ذكره في حالة الطبيب والمهندس وغيرهما، (فاكثر العلوم النظرية والصنائع العملية استخرجها.. الحكماء بصفاء ذهنهم وقوة فكرهم...) من خلال التفكر الذي لولاه ما

([1]) الغزالي: التفكر في خلق الله ص 22-23 ومختصر احياء علوم الدين ص477.
([2]) الغزالي: التفكر في خلق الله ص27-32.

استطاع الناس ازالة (ظلمة الجهل)[1] عن نفوسهم والاستفادة من معلوماتهم الاولية لابداع علوم جديدة، فالتفكر هو اساس الابداع.

والابداع في نظره لا ياتي من فراغ، فلابد ان يكون للانسان معارف تتفاعل مع بعضها فتنتج معرفة جديدة (فالمعرفة نتاج المعرفة، فاذا حصلت معرفة... وازدوجت مع معرفة اخرى حصل من ذلك نتاج آخر. وهكذا يتمادى النتاج وتتمادى العلوم ويتمادى الفكر الى غير نهاية)[2]. والناس الذين يفتقدون العلوم لا يستطيعون ان يبدعوا وذلك (لفقدهم راس المال وهو المعارف التي بها تستثمر العلوم) ولكن وجود المعرفة وحدها من دون القدرة على التفكر لا تنتج شيئا، ووجود المعرفة والقدرة على التفكر من دون معرفة الانسان (كيف يتفكر؟ وفيما يتفكر؟ ولماذا يتفكر؟ وما الذي يطلبه به؟ اهو مراد لعينه ام لثمرة تستفاد منه؟... فان كان لثمرة؛ فما تلك الثمرة...) وما فائدتها؟ وبدون هذا كله فانه لا يستطيع انتاج (او ابداع) شيئا جديدا ذا بال. فمن (لا بضاعة له فانه لا يقدر على الربح) ومن (يملك البضاعة ولكن لا يحسن صناعة التجارة فلا يربح شيئا...) وكذلك حال من يملك المعارف ولكن لا يحسن (استعمالها وتأليفها وايقاع الازدواج المفضي الى النتائج فيها)[3].

ومعرفة طريقة استخدام التفكر للاستفادة من المعلومات للوصول الى معلومة جديدة وابداع فكر مفيد، قد تكون، كما يرى الغزالي، بفطرة الهية كما يحصل للانبياء وقد تكون بالتعلم والممارسة كما يحصل لغيرهم (والمتفكر قد تحضره هذه المعارف وتحصل له الثمرة وهو لا يشعر بكيفية حصولها، ولا يقدر على التعبير عنها لقلة ممارسته لصناعة التعبير)[4]. والتفكر وابداع علوم وصناعات جديدة

[1] الغزالي: الرسالة اللدنية ص93-94.

[2] الغزالي: التفكر في خلق الله ص 38.

[3] ذات المصدر ص 39.

[4] ذات المصدر ص 40.

يستفيد منها الانسان، فردا ومجتمعا، في دينه ودنياه،هو ما ميز الله سبحانه وتعالى الانسان عن غيره من المخلوقات، وبقدر استغلاله واستخدامه لهذه الميزة، ميزة التفكر والابداع ,يرتقي الانسان بانسانيته.اذ قسم الغزالي العقل الى خمس مراتب اسماها الارواح هي:

1- الروح الحساس وهو الذي يتلقى ما توره الحواس الخمس..والذي به يصير الحيوان حيوانا.

2- الروح الخيالي، وهو الذي يستثبت ما اوردته الحواس ويحفظه مخزوناعنده ليعرضه على الروح العقلي.

3- الروح العقلي الذي به تدرك المعاني الخارجة عن الحس والخيال وهو الجوهر الانسي- الخاص الذي لايوجد للبهائم والصبيان.

4- الروح الفكري، وهو الذي يأخذ العلوم العقلية المحضة فيوقع بينها تأليفات وازدواجات ويستنتج منها معارف شريفة. ثم اذا استنتج نتيجتين مثلا،الف بينهما مرة اخرى واستفاد نتيجة اخرى. وهكذا يبدع علوما وصناعات لم تكن معروفة.

5- اما الروح القدسي النبوي وهي من المعارف الربانية يختص بها الانبياء والاولياء.

والانسان وان شارك الحيوان بالروح الحسي والخيالي الا انه تميز عنه بالروح العقلي والفكري حتى يتمكن من ابداع العلوم والصناعات التي تمكنه من اداء الدور المميز الذي خلق من اجله وهو اعمار الارض[1].

والتفكر لا يقتصر على الامور الدينية، بل انه (قد يجري في امر يتعلق بالدين وقد يجري فيما يتعلق بغير الدين) والدين الذي يعنيه الغزالي بقوله هو (المعاملة بين العبد وبين الرب تعالى: فجميع افكار العبد اما تتعلق بالعبد وصفاته واحواله، واما

(1) الغزالي: مشكاة الانوار ص 76-77.

تتعلق بالمعبود وصفاته وافعاله؛ لا يمكن ان يخرج عن هذين القسمين)[1]. والقسم الاول الذي يتعلق بتفكر الانسان في نفسه وصفاته واحواله وعلاقاته مع الاخرين يسمى علم المعاملة ام القسم الثاني فيسمى علم المكاشفة. وعملية التفكر كما يرى الغزالي، هي فضيلة مثل كل الفضائل تحصل للانسان بتكرار الممارسة ,لان المواظبة على العمل تؤدي الى اتقانه، فمن اراد (ان يحصل على خلق الجود فطريقه ان يتكلف تعاطي الجود وهو بذل المال ولا يزال يواظب عليه حتى يتيسر عليه فيصير بنفسه جوادا) وكذلك الامر (في سائر الصناعات فان اراد ان يصير له الحذق في الكتابة... فطريقه ان يتعاطى ما يتعاطاه الكاتب الحاذق... ثم لا يزال يواظب... حتى يصير له ذلك ملكة راسخة ويصير الحذق فيه صفة نفسانية...)[2] ويصبح ما كان يتكلفه طبع فيه وكذلك الحال في من يتكاسل عن اداء العمل فمع الوقت وتكرار حالة الكسل يصبح ذلك خلق فيه. وهذا ينطبق على جميع الفضائل والرذائل فكلها بالمواظبة عليها تصدر عن الانسان تلقائيا (بغير تكلف ولا فكر ولارويَة)[3]. وكذلك الحال في مسألة التفكر. والغزالي يؤكد ان التفكر وابداع افكار و صناعات جديدة في كل المجالات الانسانية لا يحصل الا بالمعرفة التي لا تحصل بدورها الا بتعلم العلوم، فالتعلم هو الاساس في تهذيب النفس واستقامة حياة الافراد ومجتمعاتهم، ولذلك دعا لان يكون التعلم عملية مستمرة مدى الحياة.

([1]) ذات المصدر ص 45.

([2]) الغزالي: ميزان العمل ص48.

([3]) ذات المصدر ص 51.

الخاتمة

لو نظرنا الى اعمال الغزالي لوجدنا انه لم يدع فئة من فئات المجتمع لم يتوجه اليها بالدعوة لتهذيب النفس وبخاصة من له تأثير بالآخرين. وقد مر ذكرالاباء والامهات والمعلمين والعلماء الخ... وان كان لم يتعرض لتربية البنات فقد يكون ذلك لان كثيرا مما يخص الصبيان ينطبق على تربية البنات، والقليل الذي يخص البنات وحدهم من دون الصبيان كانت مسؤوليته تقع على الامهات وهو اكد على دور الاسرة والام، كما مر ذكره، في تربية اطفال الاسرة، بنينا وبناتا، من الـولادة وحتى سن النضج حيث يتحملون مسؤلية انفسهم. وحتى الحكام والسلاطين لم يهمل التوجه اليهم بالنصح، رغم انه كان لا يحبذ مخالطة الامراء والسلاطين، اذ كان يرى ان مخالطة الامراء والسلاطين (آفة عظيمة) وان كان لابد من مخالطتهم فيجب تجنب (مدحهم وثناءهم...)[1] ويحذر من قبول عطاءهم لما في ذلك من مفاسد كثيرة. الا انه طلب من الامراء والسلاطين وغيرهم من المسؤلين التواضع للرعية وعدم الكبر والتعالي عليها، واستشهد بقول نسبه للرسول صلى الله عليه وسلم (لا يدخل الجنة من كان في قلبه ذرة من كبر.) وقوله عندما تهيب رجل من لقائه (هون عليك، فانما انا ابن امرأة تأكل القديد)[2]. ونصح السلطان بالعدل بين الرعية، فالسلطان العادل هو (من عدل بين العباد) وحذر من الجور والفساد لان السلطان (الظالم شؤم لا يبقى ملكه ولا يدوم) وذلك لان عمارة (الدنيا وخرابها من الملوك؛ فاذا كان السلطان عادلا عمرت الدنيا وامنت رعاياها...). فخراب الارض ياتي في نظر الغزالي، من سببين (احدهما عجز الملك، والثاني جوره)[3]. والعدل كما يراه الغزالي هو التساوي في المعاملة بين الغني والفقير وبين المعروف والمجهول. ونقل عن علي رضي الله عنه عنه قوله

---

[1] الغزالي: ايها الولد 141-142.

[2] الغزالي: فيصل التفرقة ... ص 146.

[3] الغزالي: التبر المسبوك في نصيحة الملوك ص17-57.

(ويل لقاضي الارض من قاضي السماء حين يلقاه، الا من عدل وقضى بالحق ولم يحكم بالهوى ولم يمل مع اقاربه ولم يبدل حكما لخوف او طمع...)[1] كما طلب من الحاكم والمسؤول توفير الغذاء للناس وقال: (لا تمنع الناس من تحصيل الاطعمة.. وانظر فيمن امتنع عن الزراعة، ان كان لفقره، فقوه وان كان لظلم فانصره...)[2] ونصحه ان يختار عماله من اصحاب الخلق والعلم والكفاءة فقال: (لا تستخدم في العمالة الا عارف بفنون الحساب والجبر والمقابلة والمساحة) ويجب ان يمتحن العامل في المجال الذي هو مكلف بالقيام به ...) هذا بالاضافة لان يكون من ذوي الاخلاق الحسنة في التعامل مع الاخرين فلا (يكن ملوما ولا ضجورا ولا صخابا ولا طياشا ولا لقابا...) وكذلك يجب ان يكون العامل عالي الهمة وصبورا على العمل وعلى الاخرين لان (علو الهمة مع الصبر تحقق المطالب ونقل عن علي (رض) قوله:

بقدر الكد تكتسب المعالي   ومن طلب العلا سهر الليالي

تروم العز ثم تنام ليلا   يخوض البحر من طلب اللآلي[3]

وذكّر السلطان او المسؤول بان معاملة الرعية بالحسنة هي فرع من فروع الايمان فقال: ان المعرفة والاعتقاد هما اصل الايمان وباقي الاعمال هي فروع الايمان. وهذه الاعمال التي هي فروع الايمان تنقسم الى قسمين: احدهما (بينك وبين الله تعالى، مثل الصوم والصلاة والحج والزكاة واجتناب شرب الشراب والعفة عن الحرام. والاخرى بينك وبين الخلق، وهي العدل في الرعية والكف عن الظلم.. وان

---

(1) ذات المصدر ص16.

(2) الغزالي: سر العالمين وكشف ما في الدارين ص27.

(3) الغزالي: سر العالمين وكشف ما في الدارين ص 38.

تعمل فيما بينك وبين الناس ما تؤثر ان يعمل معك من سواك اذا كان غيرك السلطان وكنت من رعيته)[1].

وكما انه لم يترك فئة من فئات المجتمع الا وتوجه اليها بالدعوة الى التهذيب وحسن الخلق، فانه ايضا لم يدع مجالا من مجالات التهذيب وحسن الخلق الا طرقه وعلى راس ذلك معاملة الانسان لمن حوله من الناس والذين عليه ان يعاملهم المعاملة التي يرضاها لنفسه (لانه لا يكمل ايمان عبد حتى يحب لسائر الناس ما يحب لنفسه)[2]. وان يتسم تعامله معهم بالالفة والمحبة لان (الالفة ثمرة حسن الخلق، والتفرق ثمرة سوء الخلق، فحسن الخلق يوجب التحاب والتآلف والتوافق وسوء الخلق يثمر التباغض والتحاسد والتدابر)[3]. ومن حسن الخلق ايضا ان لا يحمل الانسان الآخرين على ما يريد بل يحمل نفسه (على مرادهم ما لم يخالفوا الشرع)[4]. ودعا الانسان ايا كان موقعه حاكما او محكوما، الى طلب العلم والعمل به مهتديا بالشرع وان يكون مخلصا ومتقنا لعمله سواء اكان العمل من اعمال الدين ام من اعمال الدنيا وكسب الرزق. وان يكون صبورا يتحمل المصاعب والمتاعب التي يتطلبها العلم والعمل ومتوكلا على الله سبحانه وتعالى. ونصحه بعدم ذل نفسه بالنفاق والرياء والتذلل للاخرين في سبيل المال والجاه وتحقيق المصالح الخاصة.

وقد اكد الغزالي كثيرا على طلب العلم وجعله عملية مستمرة مدى الحياة وحمَل الانسان الفرد مسؤلية طلب العلم وحمّل المجتمع بكل مؤسساته مسؤلية التعليم وتوفير فرص التعلم المختلفة لافراده صغارا وكبارا، واكد على الفروق الفردية للمتعلمين وطلب من المعلمين ملاحظة هده الفروق التي هي ليست من اصل الخلقة وانما هي

---

(1) الغزالي: التبر المسبوك في نصيحة الملوك ص14.

(2) الغزالي: ايها الولد ص144.

(3) الغزالي: كتاب ادآب الصحبة ص149.

(4) الغزالي: ايها الولد ص125.

مكتسبة من الظروف المحيطة بالانسان، فكل انسان، في نظره، يولد على الفطرة وله استعداد طبيعي فطري لتعلم كل العلوم والصناعات، وان العلوم مركوزة في اصل نفوس البشر- كالبذرة في الارض، كما مر ذكره، ولكن الاختلاف يحدث من خلال الظروف المحيطة والتي تؤدي الى مرض نفوس الناس فتصبح على مراتب مختلفة فـ (بعضهم تأثر بمرض المنزل تأثرا ضعيفا.. ويطلبون الصحة الاصلية فيزول مرضهم بادنى معالجة.. وينقشع غمام نسيانهم باقل تذكر.. وبعضهم يتعلمون طول عمرهم.. ولا يفهمون شيئا لفساد امزجتهم.. وبعضهم يتذكرون وينسون ويرتاضون.. ويجدون نورا قليلا.. واشراقا ضعيفا.. وهذا التفاوت انما ظهر من اقبال النفوس على الدنيا.) ولذلك فهو يرى ان النفس المريضة تحتاج الى جهد اكبر وصبر اطول لتحصيل العلوم، الا انها تستطيع الوصول الى ارقى الدرجات في التعلم (.. اما النفس التي خف مرضها.. يكفيها ادنى نظر وتفكر.. فيخرج ما فيها من القوة الى الفعل ويصير ما هو مركوز فيها حلية فيتم امرها ويكمل شأنها)[1]. وعلى من يتولى التعليم ان يأخذ هذا الامر في اعتباره ويعامل كل بما يحتاج.

وقد كان الغزالي معتدلا ومتوازنا في كل ما تطرق اليه من مواضيع فقد وازن بين:

العقل والشرع فرغم انه اعلى من شأن العقل ودوره في تحقيق التوازن والاعتدال في سلوك الانسان واكسابه الفضائل وحسن الخلق، الا انه لم يفصله عن الشرع بل نظر الى العلاقة بينهما على انها علاقة متلازمة فالعقل (لن يهتدي الا بالشرع، والشرع لم يتبين الا بالعقل) وهناك من العلوم الشرعية ما لا يدرك الا بالعقل وفي ذات الوقت لابد من تربية العقل وتأديبه وتهذيبه بالشرع حتى يتنزه عن كل ما يهدم العقيدة.

---

[1] الغزالي: الرسالة اللدنية ص93-110.

العلم والعمل فهو قد جعل العلاقة بين العلم والعمل علاقة تكاملية، اذ يقوم العمل على اساس من العلم والمعرفة، والعمل بدوره يزيد من العلم والمعرفة بما يضيف اليهما من الخبرة العملية التي تزيد من العلم وتعود بالاتقان على العمل مرة اخرى مما يحقق الرضا والسعادة للانسان ولذلك قال: (ان لا طريق الى السعادة، الا بالعلم والعمل.. وان العمل لا يتصور الا بعلم بكيفية العمل)[1]. فـ (العلم بلا عمل جنون)، لا فائدة منه (والعمل بغير علم لايكون...)[2].

الدنيا والدين وفي هذا المجال ايضا كان الغزالي معتدلا ولم تكن اعماله مكرسة، كما يدعي البعض لامور الدين، بل هي تشمل كل مناحي الحياة وامورها والتي لا يمكن ان تصح الا بالاهتداء بالشرع. و نقل عن الرسول صلى الله عليه وسلم قوله: (الدنيا مزرعة الاخرة) مما يجعل الاهتمام بالدنيا واعمارها ماديا بالعلوم والصناعات ومعنويا بتقوى الله سبحانه وتعالى واتباع اوامره والانتهاء عن نواهيه وسيلة للوصول الى السعادة الحقيقية و(السعادة الحقيقية هي الآخروية... وكل ما يوصل الى السعادة الاخروية ويعين عليها...)[3] فهو خير ومطلوب. وبهذا ينتفي التعارض بين الدين والدنيا واعمال الدين واعمال الدنيا ما دامت هذه الاخيرة تحتكم الى شرع الله سبحانه وتعالى وتهتدي به. فهو لم يترك صغيرة او كبيرة في حياة المسلم الا ناقشها، سواء ما يخص تهذيب البدن او النفس او التعامل مع الاخرين من اهل وولد وافراد مجتمع وحكام ومحكومين.وسياسة الانسان لنفسه شملت ايضا كل صغيرة وكبيرة في هذه النفس، كتهذيب الشهوات وتغيير الاخلاق واكتساب الفضائل والتخلي عن الرذائل باشكالها المختلفة، حتى الطهارة بالنسبة له لا تعني

([1]) الغزالي: ميزان العمل ص 180.

([2]) الغزالي: ايها الولد ص99-100.

([3]) الغزالي: ميزان العمل ص 305.

(عمارة الظاهر بالتنظيف بافاضة الماء وإلقائه وتخريب الباطن وابقائه مشحونا بالاخباث والاقذار) بل ان الطهارة، في نظره لها مراتب اربعة:

1- تطهير الظاهر عن الاحداث وعن الاخباث والفضلات.

2- تطهير الجوارح عن الجرائم والآثام.

3- تطهير القلب عن الاخلاق المذمومة والرذائل الممقوتة.

4- تطهير السر (النفس) عما سوى الله تعالى[1].

التقليد والتجديد وقف الغزالي بين التقليد من جهة واعمال العقل والتجديد من جهة اخرى موقفا وسطا فهو ضد التقليد وبخاصة ان كان التقليد والنقل عن الآخر من غير برهان واعتبر المقلد في خطر (بل هو على جرف هار...)[2] ان لم ينقذ نفسه بإعمال العقل والبحث والوصول الى الحقيقة، ولكن ما لم يدركه (العقلاء ببضاعة العقل... يجب فيها تقليد الاطباء الذين اخذوها من الانبياء)[3]. بمعنى انه يجيز تقليد الانبياء والاولياء والعلماء الذين نقلوا عن الانبياء.ويرى ان الناس في مسألة تحصيل العلم ينقسمون الى فريقين احدهما (قانع بالتقليد وهو مستغني عن البحث ولكن ينهج السبيل الذي رسمه له مقلده، وفريق آخر لا يقلدون تقليد المريض للطبيب بل يتشوقون الى ان ينالوا رتبة الاطباء)[4]، وهؤلاء هم الفائزون في نظره.

ولكن التجديد بالنسبة له هو ليس الانتقال من تقليد ماهو سائد الى تقليد غيره، بل اعتبر ذلك عجزا وبلاهة مرفوضة ولذلك قال، كما مر ذكره: (.. اية رتبة في العلم اخس من رتبة من يظن ان الانتقال من تقليد الى تقليد جمال ولا تتطلع نفسه

([1]) الغزالي: احياء علوم الدين ج1 ص150.
([2]) الغزالي: معيار العلم ص 6.
([3]) الغزالي: الجام العوام ..ص42 ج2.
([4]) الغزالي: ميزان العمل ص17.

الى رتبة البحث والاستدلال...)[1] لابداع صناعات وافكار جديدة تغني المجتمع ماديا وروحيا.

العمل والتوكل وهنا ايضا كان معتدلا يوازن بين المطلبين، فهو قد اسهب كثيرا في دعوته للتوكل على الله وبخاصة في مجال كسب الرزق فقال: ان تدبير الرزق هو من اصعب الامور (واعضلها واعظمها... فانه البلية الكبرى لعامة الخلق، اتعبت نفوسهم، وشغلت قلوبهم، واكثرت همومهم، وضيعت اعمارهم، واعظمت تبعاتهم واوزارهم، وعدلت بهم عن الله تعالى وخدمته الى خدمة الدنيا وخدمة المخلوقين. فعاشوا في الدنيا في.. تعب ونصب ومهانة وذل...يخافون ان يفوتهم غداء او عشاء.. وينسون ان الله الرزاق الكريم ومدبر شئون خلقه...)[2] وليعلم الانسان ان الله قد ضمن رزقه. ولكنه وبالرغم من تأكيده على التوكل على الله سبحانه وتعالى لانه هو الذي يقدر الارزاق ويقدر كل ما يحدث للانسان، الا انه لا يقصد بذلك الاستغناء عن العمل والجد والاجتهاد بل هو قال: (قد يظن الجهال ان شرط التوكل ترك الكسب، وترك التداوي، والاستسلام للمهلكات. وذلك خطأ لان ذلك حرام في الشرع)[3]. ونقل عن الرسول صلى الله عليه وسلم قوله: (خير الكسب كسب العامل اذا نصح) ونقل عن عمر بن الخطاب رضي الله عنه قوله (لا يقعد احدكم عن طلب الرزق ويقول اللهم ارزقني فقد علمتم ان السماء لا تمطر ذهبا ولا فضة)[4].

البخل والاسراف ورغم انه الف كتابا في ذم البخل ونقل عن احد الشعراء قوله:

ومن ينفق الساعات في جمع ماله   مخافة فقر فالذي فعل فقر[5]

---

[1] الغزالي: معيار العلم ص 9.
[2] الغزالي منهاج العابدين ص165-167.
[3] الغزالي: كتاب الاربعين ص 186
[4] الغزالي: مختصر احياء علوم الدين ص 186.
[5] الغزالي: معيار العلم ص 137.

الا انه ذم الاسراف ودعا الى الاقتصاد في المعيشة، والرفق في الانفاق، وترك الخرق فيه، واستشهد بقول للرسول صلى الله عليه وسلم قال فيه: (ثلاث منجيات: خشية الله في السر والعلانية، والقصد في الغنى والفقر، والعدل في الرضا والغضب) واعتبر المسرفين حمقى ولا عقل لهم ودعا الانسان ان اراد ان يجاهد نفسه للحصول على القناعة والصبر عن الشهوات ان (يكثر التأمل في حال المسرفين من اراذل الناس والحمقى ممن لا دين لهم، ولاعقل، ثم ينظر في حال الانبياء والصحابة والتابعين ممن عاشوا في عز القناعة والصبر عن الشهوات)[1] ويقتدي بهم.

الفلسفة والدين وفي مجال الفلسفة ورغم ما كتبه في انتقادها وبيان عجزها في الوصول الى الحقائق في المسائل الالهية الا انه لم ينكر دورها للوصول الى الحقائق في مجال الطبيعيات والرياضيات، وهذا ما جعل ابن عربي المعاصر للغزالي يقول: (شيخنا ابو حامد بلع الفلاسفة واراد ان يتقيأهم فما استطاع). وهذا ايضا ماجعل ابن تيمية يقول ان: (شيخنا ابو حامد دخل في بطون الفلاسفة، ثم اراد ان يخرج منهم فما استطاع). وجعل عابد الجابري يقول: (لقد بقيت الفلسفة.. حية في قلب الغزالي)[2]، رغم ما يظهر واضحا في اعماله انه يستلهم فكره وبرنامجه لاصلاح حال المسلمين من المباديء الاخلاقية في الشريعة الاسلامية، فكل عمل لا يهتدي بالشرع، بالنسبة له، فهو ضلالة كما مر ذكره سابقا.

وهكذا اتسمت اعمال الغزالي والمفاهيم التي تناولتها كتبه بالاعتدال بعيدا عن التطرف والافراط او التفريط، مما يجعلها مدرسة اخلاقية قيّمة لا يستغني عنها اي مجتمع، حتى يومنا هذا، ان اراد تحقيق التوازن والاستقرار الضروريان لتحقيق التقدم والنماء. وما احوجنا اليوم لان نعي هذه المفاهيم التي اوردها الغزالي وامثاله في كتاباتهم ونستفيد منها ان نحن اردنا ان نعمل على وضع آليات لمعالجة سلبيات

---

(1) الغزالي: ذم البخل ص73- 82.

(2) ابن رشد: تهافت التهافت ص23.

اليوم وما يسود المجتمعات من تطرف سواء اكان الى جانب الافراط ام التفريط، ومعالجة كل هـذا التشرذم والتنافس والتحاسد والمظاهر السلوكية السلبية الكثيرة الاخرى التي صرنا نلمسـها فيما حولنـا ولعلنـا نعيـد لمجتمعاتنا الالفة والمحبة والتراحم وبالتالي الرضى والسعادة التي صارت هذه المجتمعات تفتقدهما.

المراجع بحسب ما جاءت في متن العمل:

1- القرآن الكريم.

2- ابو حامد الغزالي: روضة الطالبين وعمدة السالكين بيروت/ دار اليوسف للطباعة والنشروالتوزيع.

3- ابو حامد الغزالي: فيصل التفرقة بين الاسلام والزندقة/ تحقيق الدكتور سليمان دنيا دار احياء الكتب العربية/ عيسى البابي الحلبي 1381هـ- 1961م وطبعة بيروت/ دار الحكمة 1407هـ-1986م.

4- ابو حامد الغزالي: معارج القدس في مدارج معرفة النفس بيروت/ دار الافاق الجديدة، الطبعة الرابعة 1980م.

5- ابو حامد الغزالي: الرسالة اللدنية/ ضبطه وقدم له رياض مصطفى العبد الله دمشق وبيروت/ منشورات دار الحكمة.

6- ابو حامد الغزالي: كتاب مقامات العلماءبين يدي الخلفاء والامراء/ تحقيق محمد جاسم الحديثي، العراق/ وزارة الثقافة والاعلام 1409هـ- 1988م.

7- بن العماد: المؤرخ الفقيه ابي الفلاح عبد الحي بن العماد الحنبلي/ شذرات الذهب في اخبار من ذهب، بيروت/ دار الكتب العلمية.

8- عمر فروخ: تاريخ الفكر العربي الى ايام ابن خلدون بيروت/ دار العلم للملايين 1988م.

9- الذهبي: الامام شمس الدين محمد بن احمد بن عثمان الذهبي/ سيرة اعلام النبلاء بيروت/ مؤسسة الرسالة، الطبعة الثامنة 1412هـ- 1992م.

10- ابن الجوزي: جمال الدين ابي الفرج عبد الرحمن بن علي الجوزي المنتظم في تواريخ الملوك والامم/ حققه وقدم له الدكتور سهيل زكار بيروت/ دار الفكر للطباعة والنشر والتوزيع 1315هـ-1995م.

11- ابن خلكان: ابي العباس شمس الدين احمد بن محمد بن ابي بكر بن خلكان (608-681) وفيات الاعيان وانباء ابناء الزمان/ حققه الدكتور احسان عباس بيروت/ دار صادر.

12- ابو حامد الغزالي: كتاب الادب في الدين/ تحقيق ودراسة عبد المجيد ذياب القاهرة/ مؤسسة اخبار اليوم المشرف على التحرير جمال الغيطاني 1990م

13- ابو حامد الغزالي: جواهر القرآن ودرره/ تحقيق لجنة احياء التراث العربي في دار الافاق الجديدة/ بيروت منشورات دار الافاق الجديدة 1403هـ- 1983م.

14- انور الزعبي: مسألة المعرفة ومنهج البحث عند الغزالي سورية/ دمشق/ دار الفكر الطبعة الاولى 1420هـ-2000م.

15 - ابو حامد الغزالي: التفكر في خلق الله، الانسان -الارض- السموات وعجايبها حققه وعلق عليه ماهر المنجد. بيروت/ دار الفكر المعاصر 1998م.

16- ابن كثير: ابي الفداء الحافظ ابن كثير المتوفي سنة 774هـ/ البداية والنهاية بيروت/ دار الفكر 1398هـ-1978م.

17- علاء الدين الطوسي: علاء الدين علي بن محمد البتاركاني، الطوسي الحنفي (817-887هـ)/ تهافت الفلاسفة، تحقيق وتحليل رضا سعادة بيروت/ دار الفكر اللبناني 1990م.

18- محمد حافظ صالح الشريدة: اتحاف الاحياء بزبدة الاحياء قلقيلية/ فلسطين: مكتبة الاخاء 1412هـ-1992م.

19- ابو حامد الغزالي: ذم البخل وفضل السخاء، تحقيق وتعليق محمد احمد عاشور وجمال عبد المنعم الكومي. القاهرة / دار الاعتصام 1991م.

20- عمر فروخ: عبقرية العرب، في العلم والفلسفة بيروت/ الطبعة الثالثة، 1389هـ- 1969م.

21- محمد خليل محسن الديسي: التربية الاجتماعية في فكر الامام الغزالي عمان/ دار اعمار للطبلعة والنشر والتوزيع، الطبعة الاولى 1421هـ- 2000م.

22- محمد مصطفى المراغي: نظرية المعرفة عند ابو حامد الغزالي/عن الانترنت Veecos.net.

22- عبد القادر محمود: الفكر الاسلامي والفلسفات المعارضة في القديم والحديث القاهرة / الهيئة المصرية العامة للكتاب 1986م.

23- ابو حامد الغزالي: معيار العلم، تحقيق سليمان دنيا مصر/ دار المعارف بمصر 1961م.

24- ابو حامد الغزالي: تهافت الفلاسفة، حققه موريس بويج وطبع عام 1927 واعيد طبعه مصدرا بدراسة الدكتور ماجد فخري. بيروت/ دار المشرق 1982م.

25- زكي ميلاد: الفكر الاسلامي بين التأصيل والتجديد بيروت/ دار الصفوة 1415هـ- 1994م.

26- محمد عابد الجابري: ابن رشد، سيرة، وفكر، دراسة ونصوص بيروت/ مركز دراسات الوحدة العربية 1988م.

27- ابو حامد الغزالي: فضائح الباطنية عمان/ الاردن: دار البشير للنشر والتوزيع 1993م.

28- ابو جامد الغزالي: مقاصد الفلاسفة، تحقيق الدكتور سليمان دنيا مصر/ دار المعارف بمصر 1961م.

29- ماجد فخري: دراسات في الفكر العربي بيروت/ دار النهار للنشر.

30- ابو يعرب المرزوقي: تجليات الفلسفة العربية، منطق تاريخها من خلال منزلة الكلي بيروت/ دار الفكر المعاصر، دمشق/ دار الفكر 1422هـ - 2001م.

31- ابن رشد: ابو الوليد محمد بن احمد بن رشد، تهافت التهافت تقديم وضبط وتعليق محمد العريبي لبنان، بيروت/ دار الفكر اللبناني.

32- ابو حامد الغزالي: المنقذ من الضلال والمفصح عن الاحوال، تحقيق عبد المنعم العاني، دمشق/ سوريا: الحكمة للطباعة والنشر 1415هـ- 1994م.

35- محمد ينعيش: الموضوعية والذاتية بين الغزالي وابن تيمية تطوان/ مطبعة الخليج العربي 1421هـ 2000م.

36- ابو حامد الغزالي: قانون التأويل.

37- ابو حامد الغزالي: الجام العوام عن علم الكلام القاهرة/ المطبعة الازهرية المصرية 1316هـ

38- ابو حامد الغزالي: مشكاة الانوار، حققها وقدم لها الدكتور ابو العلا العفيفي القاهرة/ الدار القومية للطباعة والنشر 1383هـ- 1998م.

39- ماجد فخري: مختصر تاريخ الفلسفة العربية بيروت/ دار الشورى 1981م.

40- يوسف فرحات: الفلسفة الاسلامية واعلامها، اعداد وتحقيق يوسف فرحات جنيف/ سويسرا ترادكسيم 1986.

41- ابن عربي: القاضي ابي بكر بن عربي، العواصم من القواصم في تحقيق مواقف الصحابة بعد وفاة النبي صلى الله عليه وسلم . حققه وعلق حواشيه محب الدين الخطيب بيروت/ 1402هـ- 1982م.

42- ابو حامد الغزالي: منهاج العابدين الى جنة رب العالمين، تحقيق الدكتور محمود مصطفى حلاوي، بيروت/ دار البشائر الاسلامية، طبعة الثالثة 1422هـ- 2001م.

43- ابو حامد الغزالي: كتاب ميزان العمل بيروت/ دار الكتاب العربي طبعة 1403هـ- 1983م.

44- الجاحظ: ابي عثمان بن بحر (150-255هـ) البيان والتبيين تحقيق وشرح عبد الله محمد هارون القاهرة/ مكتبة الخانجي بمصر وبغداد: مكتبة المثنى 1381هـ- 1961م.

45- ابو حامد الغزالي: احياء علوم الدين باجزائه بيروت/ دار القلم طبعة الاولى وبيروت/ دار الكتب العلمية الطبعة الاولى.

46- ابو حامد الغزالي: كتاب العلم، تقديم رضوان السيد بيروت/ لبنان، دار اقرأ 1403 هـ-1983م.

47- ابو حامد الغزالي: كتاب ميزان العمل بيروت/ دار الكتاب العربي طبعة 1403هـ- 1983م.

48- ابو حامد الغزالي: الاقتصاد في الاعتقاد، ضبطه وقدم له موفق فوزي الجبر دمشق/ سوريا: دار الفكر وبيروت: دار الفكر المعاصر 1416هـ - 1995م.

49- ابو حامد الغزالي: القسطاس المستقيم، قدم له وذيله واعاد تحقيقه فيكتور شلحت، بيروت/ المكتبة الشرقية 1991م الطبعة الثالثة.

50- الماوردي: ابي الحسن علي بن محمد حبيب الماوردي البصري الشافعي (ت 450هـ) ادب الدنيا والدين، حققه مصطفى السقا، بيروت/ دار الفكر.

51- مفيدة محمد ابراهيم: القيادة التربوية في الاسلام عمان/ الاردن: دار مجدلاوي1417هـ

52- ابو حامد الغزالي: كيمياء السعادة، القاهرة/ المكتبة المحمودية التجارية.

53- ابو حامد الغزالي: سر العالمين وكشف ما في الدارين، ضبطه وعلق عليه موفق فوزي الجبر، دمشق/ دارالحكمة 1315 هـ-1995م.

54- ابو حامد الغزالي: ثلاث رسائل في المعرفة لم تنشرمن قبل تحقيق وتقديم وتعليق محمد حمدي زقزوق، القاهرة/ مكتبة الازهر، الطبعة الاولى 1399هـ- 1979م.

55- ابو حامد الغزالي: مختصر احياء علوم الدين، نفذه العلامة محمد جمال الدين القاسمي الدمشقي/ تحقيق محمد بن عبد الحكيم القاضي وسيد بن ابراهيم بن صادق. القاهرة/ دار الكتاب المصري وبيروت/ دار الكتاب اللبناني2000م.

56- ابو حامد الغزالي: كتاب الاربعين في اصول الدين بيروت/ منشورات دار الافاق الجديدة 1978م.

57- ابو حامد الغزالي: كتاب ادآب الصحبة والمعاشرة مع اصناف الخلق دراسة وتحقيق الدكتور محمد سعود المعيني، بغداد/ مطبعة العاني.

58- علي زيعور: الحكمة العملية او الاخلاق والسياسة والتعاملية، الفلسفة في ميدان الفعل والمعيار والعلائق الاجتماعية. بيروت/ دار الطليعة 1988م.

59- ابو حامد الغزالي: ايها الولد، تحقيق الدكتور احمد مطلوب بغداد/ مطبعة وزارة الاوقاف والشؤون الدينية 1406هـ - 1986م.

60- ابو حامد الغزالي: التبر المسبوك في نصيحة الملوك، عربه عن الفارسية الى العربية احد تلامذته. ضبطه وصححه احمد شمس الدين بيروت/ دار الكتب العلمية 1409هـ- 1988م.

61- ابو حامد الغزالي: مكاشفة القلوب المقرِب الى علأم الغيوب اعتنى به وعلق عليه عبد المجيد طعمة الحلبي. بيروت/ دار المعرفة 1419هـ- 1998م.

62- ابو حامد الغزالي: التوبة، تحقيق وتعليق حسين عبد الحميد القاهرة/ مكتبة رجب 1419هـ- 1999م.

63- ابو حامد الغزالي: بداية الهداية، ادب المسلم في يوم وليلة دراسة وتحقيق محمد عثمان الخشت القاهرة/ مصر: مكتبة القرآن للطبع والنشر والتوزيع.

64- ابو حامد الغزالي: المنتخل في الجدل، قدم له وحققه علي بن عبد العزيز بن علي العميريني. الرياض/ دار الوراق 1424هـ- 2004م.

65- ابو حامد الغزالي: الفقيه والمتفقه.

66- ابوحامد الغزالي: كتاب قواعد الاعتقاد، تقديم رضوان السيد بيروت دار اقرأ للنشر والتوزيع والطباعة 1405هـ- 1985م.